O porquê da vida

Léon Denis

O porquê da vida

SOLUÇÃO RACIONAL DO PROBLEMA DA EXISTÊNCIA

Que somos — De onde viemos — Para onde vamos

Acompanhado do seguinte:
Correspondência de Laváter sobre a vida futura — A reencarnação e a Igreja Católica — Giovana

FEB

Copyright © 1897 *by*
FEDERAÇÃO ESPÍRITA BRASILEIRA – FEB

23ª edição – Impressão pequenas tiragens – 4/2025

ISBN 978-85-69452-40-9

Título do original francês:
Le pourquoi de la vie

Todos os direitos reservados. Nenhuma parte desta publicação pode ser reproduzida, armazenada ou transmitida, total ou parcialmente, por quaisquer métodos ou processos, sem autorização do detentor do *copyright*.

FEDERAÇÃO ESPÍRITA BRASILEIRA – FEB
SGAN 603 – Conjunto F – Avenida L2 Norte
70830-106 – Brasília (DF) – Brasil
www.febeditora.com.br
editorial@febnet.org.br
+55 61 2101 6161

Pedidos de livros à FEB
Comercial
Tel.: (61) 2101 6161 – comercial@febnet.org.br

Adquirindo esta obra, você está colaborando com as ações de assistência e promoção social da FEB e com o Movimento Espírita na divulgação do Evangelho de Jesus à luz do Espiritismo.

Dados Internacionais de Catalogação na Publicação (CIP)
(Federação Espírita Brasileira – Biblioteca de Obras Raras)

D395p   Dénis, Léon, 1846–1927

        O porquê da vida: solução racional do problema da existência, que somos, de onde viemos, para onde vamos / Léon Denis; [tradução de João Lourenço de Souza]. – 23.ed. – Impressão pequenas tiragens – Brasília: FEB, 2025.

        152 p.; 23 cm – (Coleção Léon Denis)

        Tradução de: *Le pourquoi de la vie*

        "Acompanha o seguinte: Correspondência de Laváter sobre a vida futura – A reencarnação e a Igreja Católica – Giovana"

        Inclui índice geral

        ISBN 978-85-69452-40-9

        1. Lavater, Johann Kasper, 1741–1801 – Correspondência. 2. Espiritismo I. Federação Espírita Brasileira. II. Título. III. Coleção.

                                    CDD 133.9
                                    CDU 133.7
                                    CDE 10.00.00

Sumário

O PORQUÊ DA VIDA

Prefácio do tradutor		11
I	Dever e liberdade	13
II	Os problemas da existência	15
III	Espírito e matéria	19
IV	Harmonia do universo	21
V	As vidas sucessivas	25
VI	Justiça e progresso	29
VII	O alvo supremo	35
VIII	Provas experimentais	37
IX	Resumo e conclusão	41

CORRESPONDÊNCIA INÉDITA DE LAVÁTER

Preâmbulo	47
Primeira carta	49
Segunda carta	53

Terceira carta 59

Quarta carta 63

Quinta carta 67

Sexta carta 73

A REENCARNAÇÃO E A IGREJA CATÓLICA

A reencarnação e a Igreja Católica 83

Conclusão 97

GIOVANA

Giovana 107

ÍNDICE GERAL 135

É a vós, irmãos e irmãs na humanidade, a vós todos a quem o fardo da vida curvou, a quem as lutas árduas, as angústias, as provações têm acabrunhado, que dedico estas páginas. É em vossa intenção, aflitos, deserdados deste mundo, que as escrevi. Humilde campeão da verdade e do progresso, pus nelas o fruto de minhas vigílias, reflexões e esperanças, tudo o que me consola e sustém nesta jornada.

Oxalá acheis nelas alguns ensinos úteis, um pouco de luz para esclarecer o vosso caminho. Possa esta modesta obra ser, para o vosso espírito contristado, o que é a sombra para o trabalhador queimado do Sol, o que é, no deserto árido, a fonte límpida e fresca oferecendo-se ao viajor sequioso!

O porquê da vida

Prefácio do tradutor

Nesta época em que certos homens se esforçam para propagar as doutrinas da negação e do ódio, é doce e confortador ver um escritor, um filósofo tão extraordinariamente dotado como o Sr. Léon Denis reagir, com a autoridade que lhe dão o seu nome e o seu belo talento, contra essa obra de desvirtuamento social.

O Sr. Léon Denis teve a ideia de dedicar esta pequena obra aos que sofrem, e nós, querendo completar suas noções sobre o Espiritismo, acrescentamos aqui, com o consentimento do autor, as cartas que o célebre filósofo Laváter dirigiu à imperatriz Maria da Rússia e o seu primoroso romance *Giovana*.

As páginas deste livro deveriam ser o *vade mecum* dos inumeráveis vencidos na luta pela vida.

Pela perspectiva do Além-túmulo, com base na lei da reencarnação, mais verdadeira, mais humana, menos rigorosa, sobretudo, que a da tradição católica ou protestante, elas consolam e reconfortam os mais aflitos, ao mesmo tempo em que induzem os poderosos deste mundo a serem doces, fraternais e piedosos para com os fracos.

I
Dever e liberdade

Qual o homem que, nas horas de silêncio e recolhimento, já deixou de interrogar a natureza e o seu próprio coração, pedindo-lhes o segredo das coisas, o porquê da vida, a razão de ser do universo? Onde está esse que não tem procurado conhecer os seus destinos, erguer o véu da morte, saber se Deus é uma ficção ou uma realidade? Não há ser humano, por mais indiferente que seja, que não tenha enfrentado algumas vezes esses grandes problemas. A dificuldade de resolvê-los, a incoerência e a multiplicidade das teorias que daí derivam, as deploráveis consequências que decorrem da maior parte dos sistemas conhecidos, todo esse conjunto confuso, fatigando o espírito humano, o tem atirado à indiferença e ao ceticismo.

Entretanto, o homem tem necessidade de saber, precisa do esclarecimento, da esperança que consola, da certeza que guia e sustém. Também tem os meios de conhecer, a possibilidade de ver a verdade desprender-se das trevas e inundá-lo com sua luz benéfica. Para isso, deve afastar-se dos sistemas preconcebidos, perscrutar-se a si próprio, escutar essa voz interior que fala a todos e que os sofismas não podem deturpar: a voz da razão, a voz da consciência.

Assim fiz eu. Muito tempo refleti; meditei sobre os problemas da vida e da morte; com perseverança, sondei esses abismos. Dirigi à eterna sabedoria uma ardente invocação e Ela me atendeu, como atende a todo espírito animado pelo amor do bem. Provas evidentes, fatos de observação direta vieram confirmar as deduções do meu pensamento, oferecer às minhas convicções uma base sólida, inabalável. Depois de duvidar, acreditei; depois de ter negado, vi. E a paz, a confiança, a força moral desceram sobre mim. Eis os bens que, na sinceridade do meu coração, desejoso de ser útil aos meus semelhantes, venho oferecer aos que sofrem e desesperam.

Jamais a necessidade da luz fez sentir-se de um modo mais imperioso. Uma transformação imensa se opera no seio das sociedades humanas. Depois de estarem submetidos durante uma longa série de séculos ao princípio de autoridade, os povos aspiram cada vez mais à liberdade e querem dirigir-se por si próprios. Ao mesmo tempo em que as instituições políticas e sociais se modificam, os cultos são esquecidos. Existe nisso ainda uma das consequências da liberdade em sua aplicação às coisas do pensamento e da consciência. A liberdade, em todos os seus domínios, tende a substituir-se à coação e à autoridade, a guiar as nações para horizontes novos. O direito de alguns se tornou o direito de todos, mas, para que o direito soberano seja conforme com a justiça e produza seus frutos, é necessário que o conhecimento das leis morais venha regular o seu exercício. Para que a liberdade seja fecunda, para que ofereça às obras humanas uma base segura e duradoura, deve ser aureolada pela luz, pela sabedoria, pela verdade. A liberdade, para homens ignorantes e viciosos, não será como arma poderosa entre as mãos de uma criança? A arma, nesse caso, volta-se muitas vezes contra aquele que a traz e o fere.

Os problemas da existência

O que importa saber, antes de tudo, é o que somos, de onde viemos, para onde vamos, quais são os nossos destinos. As ideias que fazemos do universo e suas leis, do papel que cada um de nós deve exercer sobre este vasto teatro, tudo isso é de uma importância capital. É de conformidade com elas que dirigimos os nossos atos. É consultando-as que fixamos um alvo à nossa vida e para ele caminhamos. Eis a base, o verdadeiro incentivo de toda a civilização. *Conforme for o ideal, assim é o homem.* Para as coletividades, da mesma forma que para o indivíduo, a concepção do mundo e da vida é que determina os deveres; mostra o caminho a seguir, as resoluções a adotar.

Mas, já o dissemos, a dificuldade de resolver esses problemas faz muitas vezes rejeitá-los. A opinião do maior número é vacilante, indecisa; os atos, os caracteres se ressentem. Nisso consiste o mal da época, a causa da perturbação que pesa sobre todos. Há o instinto do progresso; quer-se caminhar, mas para onde ir? Ninguém pensa nisso suficientemente. O homem ignorante dos seus destinos é semelhante ao viajante que percorre maquinalmente a sua rota, sem conhecer o ponto de partida nem o ponto de chegada, e mesmo sem saber qual o motivo da sua viagem, do que resulta, sem dúvida, o estar sempre disposto a parar diante do menor obstáculo e a perder o tempo sem cuidar do alvo que deve atingir.

O vácuo e a obscuridade das doutrinas religiosas, os abusos que elas engendraram, lançam muitos espíritos no materialismo. Ficam dispostos a acreditar que tudo acaba com a morte, que o destino do homem é o de desaparecer no vácuo.

Demonstraremos mais adiante como esse modo de ver está em oposição flagrante à experiência e à razão. Digamos desde já que isso é contrário a toda a noção de justiça e progresso.

Se a vida está circunscrita entre o berço e a tumba, se as perspectivas da imortalidade não vêm esclarecer a nossa existência, o homem não tem outra lei que não seja a dos seus instintos, dos seus apetites, dos seus gozos. Pouco importa que ame o bem, a equidade. Se nada mais faz que aparecer e desaparecer neste mundo, se leva consigo para o olvido as suas esperanças e afeições, ele sofrerá tanto quanto mais puras e elevadas forem suas aspirações. Amando a justiça, como soldado do direito, acreditar-se-á condenado a jamais ver a sua realização. Apaixonado pelo progresso, sensível aos males dos seus semelhantes, imagina que se extinguirá antes de ver triunfar seus princípios.

Com a perspectiva do nada, quanto mais praticardes a abnegação e a justiça, tanto mais vossa vida será fértil em amargores e decepções. O egoísmo bem compreendido seria então a suprema sabedoria, a existência perderia toda a sua grandeza e dignidade. As mais nobres faculdades, as mais generosas tendências do espírito humano acabariam por fenecer, por extinguir-se completamente.

A negação da vida futura também suprime toda a sanção moral. Assim, todo ato bom ou mau, criminoso ou sublime, termina com os mesmos resultados. Não há compensação às existências miseráveis, à obscuridade, à opressão, à dor; não há mais consolação nas provas, esperança para os aflitos. Nenhuma diferença existe, no futuro, entre o egoísta que viveu para si só, e muitas vezes à custa dos seus semelhantes, e o mártir ou o apóstolo que sofreu, sucumbiu no combate pela emancipação e pelo progresso da raça humana. A mesma obscuridade os encobrirá.

Se tudo acaba com a morte, o ser não tem nenhum motivo para constranger-se, para comprimir seus instintos, seus gostos. Fora das leis sociais, nada pode detê-lo! O bem e o mal, o justo e o injusto se confundem igualmente, se esvaem no nada. E o suicídio será sempre um meio de escapar dos rigores das leis humanas.

A crença no nada, ao mesmo tempo em que arruína toda a sanção moral, deixa de resolver o problema da desigualdade das existências na parte que toca à diversidade das faculdades, das aptidões, das situações, dos méritos. Com efeito, qual o motivo por que uns têm todos os dons do espírito e do coração, favores da fortuna, quando muitos outros só tiveram em partilha pobreza intelectual, vícios e misérias? Por que, na mesma família, parentes, irmãos, nascidos da mesma carne e do mesmo sangue, diferem essencialmente sobre tantos pontos de vista? Essas questões são insolúveis para os materialistas, da mesma forma que para muitos crentes, entretanto, vamos examiná-las sumariamente à luz da razão.

III
Espírito e matéria

Não há efeito sem causa; o nada não poderia produzir coisa alguma. Estão aí axiomas, isto é, verdades incontestáveis. Ora, como se verifica em cada um de nós a existência de forças, de potências que não podem ser consideradas como materiais, há necessidade, para explicar a sua causa, de remontar a outra origem além da matéria, a esse princípio que designamos por alma ou Espírito.

Quando, perscrutando-nos a nós mesmos, queremos aprender a nos conhecer, a analisar as nossas faculdades; quando, afastando da nossa alma a escuma nela acumulada pela vida, o espesso invólucro de que os preconceitos, os erros, os sofismas revestiram a nossa inteligência, penetramos nos recessos mais íntimos do nosso ser e nos achamos então em face desses princípios augustos, sem os quais não há grandeza para a humanidade: o amor do bem, o sentimento da justiça e do progresso. Esses princípios, que se encontram em graus diversos, no ignorante do mesmo modo que no homem de gênio, não podem proceder da matéria, que está desprovida de tais atributos. E, se a matéria não tem essas qualidades, como poderia por si só formar os seres que estão com elas dotados? O sentimento do belo e do verdadeiro e a admiração que experimentamos pelas obras grandes e generosas teriam, assim, a mesma origem que a carne do nosso corpo e o sangue das nossas veias. Entretanto, devemos antes considerá-los como reflexos duma alta e pura luz que brilha em cada um de nós, do mesmo modo que o Sol se reflete sobre as águas, estejam estas turvas ou límpidas. Em vão se pretenderia que tudo fosse matéria. Pois quê! Somos suscetíveis de amor e bondade; amamos a virtude, a dedicação, o heroísmo; o sentimento da beleza moral está gravado em nós; a harmonia das leis e das coisas nos penetra, nos inebria; e nada de tudo isso nos distinguiria da matéria? Sentimos, amamos, temos a consciência, a vontade e a razão e procederíamos duma causa que não tem essas qualidades em nenhum grau, duma causa que não sente, não ama, nem conhece coisa alguma, que é cega e muda! Superiores à força que nos produz, seríamos mais perfeitos e melhores do que ela.

Tal modo de ver não suporta um exame. O homem participa de duas naturezas. Pelo seu corpo, pelos seus órgãos, deriva da matéria; pelas suas faculdades intelectuais e morais, procede do Espírito.

Relativamente ao corpo humano, digamos ainda com mais exatidão que os órgãos componentes dessa máquina admirável são semelhantes a rodas incapazes de andar sem um motor, sem uma vontade que os ponha em ação. Esse motor é a alma. Um terceiro elemento liga a ambos, transmitindo ao organismo as ordens do pensamento. Esse elemento é o perispírito, matéria etérea que escapa aos nossos sentidos. Ele envolve a alma, acompanha-a depois da morte nas suas peregrinações infinitas, depurando-se, progredindo com ela, constituindo para ela um corpo diáfano, vaporoso. Mais adiante, trataremos da existência do perispírito.

O Espírito reside na matéria como um prisioneiro na sua cela; os sentidos são as fendas pelas quais se comunica com o mundo exterior. Mas, enquanto a matéria declina cedo ou tarde, se enfraquece e se desagrega, o Espírito aumenta em poder e se fortifica pela educação e pela experiência. Suas aspirações engrandecem, estendem-se por Além-túmulo; sua necessidade de saber, de conhecer, de viver é sem limites. Tudo isso mostra que o ser humano só temporariamente pertence à matéria. O corpo não passa de um vestuário de empréstimo, de uma forma passageira, de um instrumento por meio do qual a alma prossegue neste mundo a sua obra de depuração e progresso. A vida espiritual é a vida normal, verdadeira, sem fim.

IV
Harmonia do universo

Estabelecida em nós a existência de um princípio inteligente e racional, o encadeamento das causas e dos efeitos, para explicar a sua origem, mister se faz remontarmos à fonte donde ela dimana. Essa fonte, na pobre e insuficiente linguagem humana, é designada pelo nome de Deus.

Deus é o centro para o qual convergem e onde vão terminar todas as potências do universo. É o foco de que emana toda a ideia de justiça, de solidariedade, de amor, o alvo comum para o qual todos os seres se encaminham, consciente ou inconscientemente. É das nossas relações com o grande Arquiteto dos mundos que decorre a harmonia universal, a comunhão, a fraternidade. Para sermos realmente irmãos, é necessário um pai comum, e esse pai só pode ser Deus.

Deus, dirão, tem sido apresentado sob aspectos tão estranhos, às vezes tão odiosos, pelos homens de seita, que o espírito moderno se desviou dele. Mas que importam as divagações dos sectários? Pretender que Deus pode ser rebaixado pelos intentos dos homens equivale a dizer que o Monte Branco e o Himalaia podem ser abalados pelo sopro de um mosquito. A verdade paira radiosa e deslumbrante muito acima das obscuridades teológicas.

Para entrever essa verdade, o pensamento deve desligar-se dos preceitos acanhados, das práticas vulgares; deve rejeitar as formas grosseiras com que as religiões envolveram o supremo ideal. Deve estudar Deus na majestade das suas obras.

À hora em que tudo repousa, quando a noite é transparente e o silêncio se estende sobre a Terra adormecida, então, ó homem, ó meu irmão, eleva o teu olhar e contempla o infinito dos céus.

Observa a marcha cadenciada dos astros, evolutindo nas profundezas. Esses focos inumeráveis são mundos, comparada aos quais, a Terra não é mais que um átomo, sóis prodigiosos, rodeados por cortejos de esferas e cujo rápido percurso se mede, em cada minuto, por milhões de léguas. Distâncias espantosas os separam de nós, e eis por que nos parecem simples pontos luminosos. Mas projeta sobre eles essa luneta colossal da ciência, o telescópio. Distinguirás suas superfícies semelhantes a oceanos de fogo. Procurarás inutilmente contá-los; eles se multiplicam até as regiões mais remotas, confundindo-se pouco a pouco numa poeira luminosa. Verás, também, sobre os mundos vizinhos da Terra, desenharem-se os mares, moverem-se as nuvens. Reconhecerás que as manifestações da vida se produzem por toda parte e que uma ordem admirável une, sob leis uniformes e em destinos comuns, a Terra e seus irmãos, os planetas errantes no Infinito. Saberás que todos esses mundos, habitados por outras sociedades humanas, se agitam, se afastam, se aproximam, impulsionados por diversas velocidades, percorrendo órbitas imensas; que por toda parte o movimento, a atividade e a vida se patenteiam em espetáculo grandioso. Observa também o nosso globo, esta Terra, nossa mãe, que parece dizer-nos: vossa carne é a minha; sois meus filhos. Observa esta grande nutriz da humanidade; vê a harmonia dos seus contornos, seus continentes no seio dos quais as nações cresceram e se multiplicaram, seus vastos oceanos sempre em movimento; segue o renovamento das estações que a revestem de verdes enfeites e messes douradas; contempla todos os seres vivos que a povoam: aves, insetos, animais, plantas e flores, cada um dos quais é uma obra maravilhosa, uma joia do escrínio divino. Observa-te a ti mesmo; vê o jogo admirável dos teus órgãos, o mecanismo maravilhoso e complicado dos teus sentidos. Que gênio humano poderia imitar obras-primas tão delicadas: os olhos e os ouvidos?

Considera todas essas coisas e pergunta à tua razão, ao teu discernimento, se tanta beleza, esplendor e harmonia podem resultar do acaso, ou se não deveremos antes atribuir tudo isso a uma causa inteligente que preside a ordem do mundo e a evolução da vida. E se, em contestação, aludes aos flagelos, às catástrofes, enfim, a tudo o que vem perturbar essa ordem admirável, responderei: perscruta os problemas da natureza, não te detenhas à superfície, desce ao fundo das coisas e descobrirás com surpresa que essas aparentes contradições não fazem mais que confirmar a harmonia geral, pois tudo é útil ao progresso dos seres, único fim da existência.

Se Deus fez o mundo, replicam garbosamente certos materialistas, quem fez, portanto, a Deus? Tal objeção é insensata. Deus não se vem adaptar à cadeia das suas criaturas. É o Ser universal, sem limites no tempo e no espaço, por conseguinte, é infinito e eterno. Não pode existir ser superior ou igual a Ele. Deus é a fonte e o princípio de toda a vida. É por Ele que se unem, ligam e harmonizam todas as forças individuais, que, se não fosse Ele, estariam insuladas e divergentes. Abandonadas a si mesmas, não sendo regidas por uma lei, por uma vontade superior, essas forças só teriam produzido a confusão e o caos. A existência dum plano geral, dum alvo comum para o qual tendem todas as potências do universo, prova a existência duma causa, duma inteligência suprema que é Deus.

V
As vidas sucessivas

Dissemos que, para esclarecer o seu futuro, o homem devia, antes de tudo, aprender a conhecer-se. Para caminhar com segurança, é necessário saber aonde se vai. É conformando seus atos com as leis superiores que o homem trabalhará eficazmente pelo seu próprio melhoramento e pelo da sociedade. O que precisamos é discernir essas leis, determinar os deveres que lhes são inerentes, prever as consequências das nossas ações.

Quando se compenetrar da grandeza da sua missão, o ser humano saberá desprender-se melhor daquilo que o rebaixa e abate, saberá governar-se criteriosamente, preparar pelos seus esforços a união fecunda dos homens numa grande família de irmãos.

Mas quão longe estamos desse estado de coisas! Ainda que a humanidade avance na via do progresso, pode-se, entretanto, dizer que a imensa maioria de seus membros caminha através da vida como no meio duma noite escura, ignorando-se a si mesma, nada sabendo do fim real da existência.

Trevas espessas velam a razão humana. Os pálidos e enfraquecidos raios da verdade que lhe chegam são impotentes para esclarecer as vias sinuosas percorridas pelas inumeráveis legiões que estão em caminho e não conseguem fazer resplandecer a seus olhos o alvo ideal e longínquo.

Ignorante dos seus destinos, vacilando sem cessar entre o prejuízo e o erro, o homem maldiz, às vezes, a vida. Curvado ao seu fardo, inculpa os seus semelhantes das provações que suporta e que são quase sempre ocasionadas pela sua imprevidência. Revoltado contra Deus, a quem acusa de injustiça, ele chega algumas vezes, na sua loucura e no seu desespero, a desertar do combate salutar, da única luta que pode fortificar sua alma, esclarecer seu julgamento, prepará-lo para trabalhos de ordem mais elevada. Por que o homem desce, fraco e desarmado, à grande arena onde se entrega sem repouso, sem descanso, à eterna e gigantesca batalha? É porque a Terra é um degrau inferior na escala dos mundos. Nela residem apenas Espíritos principiantes, isto é, almas nas quais a razão começa a despontar. A matéria reina soberanamente sobre o mundo. Curva-nos ao seu jugo, limita nossas faculdades, refreia nossos impulsos para o bem, nossas aspirações para o ideal.

Assim, para discernir o porquê da vida, para perceber a lei suprema que rege as almas e os mundos, é necessário saber libertar-se das influências grosseiras, desligar-se das preocupações de ordem material, de todas as coisas passageiras e mutáveis que encobrem nosso espírito, obscurecem nossas apreciações. É elevando-nos pelo pensamento acima dos horizontes da vida, fazendo abstração do tempo e do espaço, pairando de alguma sorte acima das minúcias da existência, que entreveremos a verdade.

Por um esforço da vontade, abandonemos por um instante a Terra, elevemo-nos a essas alturas extraordinárias. Então se desenrolará para nós o imenso panorama das idades inumeráveis e dos espaços ilimitados. Assim como o soldado, perdido no meio da peleja, só vê confusão ao seu redor, enquanto que o general, cujo olhar abrange todas as peripécias da batalha, calcula e prevê os resultados; assim como o viajante extraviado nos desfiladeiros pode, ao subir a montanha, vê-los formar um conjunto grandioso, assim também a alma humana, das alturas elevadas em que paira, longe dos ruídos da Terra, longe das suas misérias, descobre a harmonia universal. A mesma coisa que lhe parecia aqui contraditória, inexplicável, injusta, então se harmoniza e o esclarece; as sinuosidades do caminho desaparecerão; tudo se une, se encadeia; ao Espírito deslumbrado aparece a ordem majestosa que regula o curso das existências e a marcha do universo.

Dessas alturas luminosas, a vida não é mais, aos nossos olhos, como o é para os da multidão, a vã procura de satisfações efêmeras, mas sim um meio de aperfeiçoamento intelectual, de elevação moral, uma escola onde se aprendem a docilidade, a paciência, o dever. E essa vida, para ter proveito, não pode ser isolada. Fora dos seus limites, antes do nascimento e depois da morte, vemos, numa espécie de penumbra, desdobrar-se multidão de existências através das quais, à custa do trabalho e do sofrimento, conquistamos gradualmente, palmo a palmo, o diminuto saber e as qualidades de que dispomos, assim também conquistaremos o que nos falta: uma razão perfeita, uma ciência sem lacunas, um amor infinito por tudo o que vive.

A imortalidade, semelhante a uma cadeia sem fim, desenrola-se para cada um de nós na imensidade dos tempos. Cada existência liga-se, pela frente e por detrás, a vidas distintas e diferentes, porém solidárias umas das outras. O futuro é a consequência do passado. Gradualmente, o ser se eleva e engrandece. Artista dos seus próprios destinos, o espírito humano, livre e responsável, escolhe sua estrada e, se esta é má, as pedras e os espinhos que o ferem produzirão o desenvolvimento da sua experiência, fortificarão a razão que vai despontando.

VI
Justiça e progresso

A lei superior do universo é o progresso incessante, a ascensão dos seres até Deus, foco das formas mais rudimentares da vida. Por uma escala infinita, por meio de transformações inumeráveis, nos aproximamos dele. No íntimo de cada alma, está depositado o germe de todas as faculdades, de todas as potências, competindo-nos, portanto, o dever de fazê-las frutificar pelos nossos esforços e trabalhos. Entendida desse modo, a nossa obra é a do adiantamento e da felicidade futura. O favoritismo não tem mais razão de ser. A justiça irradia sobre o mundo: se todos houverem lutado e sofrido, todos serão salvos.

Da mesma forma se revela aqui, em toda a sua grandeza, a necessidade da dor, sua utilidade para o adiantamento dos seres. Cada globo que rola pelo espaço é um vasto laboratório onde a substância espiritual é incessantemente trabalhada. Assim como o mineral bruto, sob a ação do fogo ou das águas, se transforma pouco a pouco em metal puro, assim também a alma, incitada pelo aguilhão da dor, se modifica e fortalece. É no meio das provações que se retemperam os grandes caracteres. A dor é a purificação suprema, a fornalha onde se fundem os elementos impuros que nos maculam: o orgulho, o egoísmo, a indiferença. É a única escola onde se depuram as sensações, onde se aprendem a piedade e a resignação estoica. Os gozos sensuais, prendendo-nos à matéria, retardam a nossa elevação, enquanto o sacrifício e a abnegação nos liberam com antecedência dessa espessa atmosfera, preparando-nos para outra ordem de coisas e para uma ascensão mais elevada. A alma, purificada, santificada pelas provas, vê cessar suas encarnações dolorosas. Deixa para sempre as esferas materiais e eleva-se na escala magnífica dos mundos felizes. Percorre o campo ilimitado dos espaços e das idades. Cada conquista que fizer sobre suas paixões, cada passo que der para diante, fará alargar os seus horizontes e aumentar a sua esfera de ação; perceberá cada vez mais distintamente a grande harmonia das leis e das coisas, concorrendo nelas de um modo mais íntimo e eficaz. Então, o tempo desaparece para ela, os séculos escoam-se como se fossem segundos. Unida a suas irmãs, companheiras da eterna viagem, continua assim o seu progresso intelectual e moral no seio de uma luz sempre em aumento.

Das nossas observações e pesquisas, resulta também o conhecimento de uma grande lei: a pluralidade das existências da alma. Vivemos antes de termos nascido e viveremos depois da morte. Essa lei dá a chave de problemas até então insolúveis, pois explica a desigualdade das condições, a variedade infinita das aptidões e dos caracteres. Conhecemos ou teremos de conhecer sucessivamente todas as fases da vida terrestre, atravessaremos todos os meios. No passado, éramos como os selvagens que povoam as regiões atrasadas; no futuro, poderemos elevar-nos à altura dos gênios imortais, desses grandes Espíritos que, semelhantes a focos luminosos, esclarecem o caminho da humanidade. A história da humanidade é a nossa própria história. Com a humanidade, percorremos as vias árduas, suportamos as evoluções seculares que estão relatadas nos anais das nações. O tempo e o trabalho: eis os elementos do nosso progresso.

Essa lei da reencarnação mostra de um modo notável a soberana justiça reinando sobre os seres. Alternadamente, construímos e quebramos os nossos próprios grilhões. As provas terríveis, suportadas por certas criaturas, são consequentes da sua conduta passada. O déspota renascerá como escravo; a mulher altiva e vaidosa da sua beleza habitará um corpo enfermo, sofredor; o ocioso se tornará mercenário, curvado sob uma tarefa ingrata. Quem tiver feito sofrer, a seu turno, sofrerá. É inútil procurar o inferno em regiões desconhecidas e longínquas, pois ele está em nós; se oculta nos recessos ignorados da alma culpada, e somente a expiação pode fazer cessar as suas dores. Não há penas eternas.

Mas, dizem alguns, se o nosso nascimento foi precedido por outras vidas, qual a razão por que não nos recordamos delas? Como poderíamos fazer a nossa expiação, desconhecendo a origem das faltas passadas?

A lembrança! Não seria esta antes um pesado fardo preso aos nossos pés? Saídos apenas das épocas do furor e da bestialidade, qual poderia ter sido o passado de cada um? Ao longo das fases por que passamos, quantas lágrimas vertidas, quanto sangue espalhado por nossa causa! Conhecemos o ódio e praticamos a injustiça. Como se tornaria acabrunhadora essa longa perspectiva de faltas para um Espírito ainda débil e contristado!

E, além disso, não estaria o nosso passado preso de maneira íntima ao passado dos outros? Que situação para o culpado que se visse marcado a ferro em brasa por toda a eternidade! Pela mesma razão, os ódios, os erros se perpetuariam, causando divisões profundas, intermináveis, no seio dessa humanidade já tão atribulada. Deus fez bem em apagar dos nossos fracos cérebros a lembrança de um passado temível. Depois de beber as águas do Letes, renascemos para uma nova vida. Uma educação diferente e uma civilização mais vasta fazem desvanecer as quimeras que outrora ocuparam o nosso espírito. Aliviados dessa bagagem embaraçosa, avançamos mais rapidamente no caminho que se nos apresenta.

Entretanto, esse passado não está de tal forma apagado que deixamos de entrever-lhe alguns vestígios. Se, desprendendo-nos das influências exteriores, descermos ao fundo do nosso ser, se analisarmos escrupulosamente os nossos gostos, as nossas aspirações, descobriremos coisas que coisa alguma em nossa existência atual ou mesmo na educação recebida pode explicar. Partindo daí, chegaremos a reconstituir esse passado, senão em seus pormenores, ao menos em seu conjunto. As faltas que acarretam nesta vida uma expiação necessária, embora estejam momentaneamente apagadas da nossa recordação, não deixam por isso de subsistir, ao menos em sua causa primordial, isto é, em nossas paixões e em nosso caráter fogoso, que devem ser domados e corrigidos em novas encarnações.

Assim, pois, se deixamos sobre os vestíbulos da vida as mais perigosas lembranças, trazemos, entretanto, os frutos e as consequências dos trabalhos realizados, isto é, uma consciência, um discernimento, um caráter, tal como nós mesmos os formamos. As ideias inatas não são mais que a herança intelectual e moral que vêm das nossas vidas passadas.

Todas as vezes que se abrem para nós as portas da morte e quando, libertos do jugo material, a nossa alma desprende-se da sua prisão de carne para entrar no mundo dos Espíritos, então o passado lhe reaparece completamente. Uma após outra, sobre a rota seguida, tornamos a ver nossas existências, nossas quedas, nossas paradas, nossas marchas apressadas. Julgamo-nos a nós mesmos, ao medirmos o caminho percorrido. No espetáculo dos nossos méritos ou deméritos, encontramos a recompensa ou o castigo.

Sendo o alvo da vida o aperfeiçoamento intelectual e moral do ser, que condição, que meio nos conviá melhor para podermos atingi-lo? O homem pode trabalhar pelo seu aperfeiçoamento em qualquer condição, em qualquer meio social, entretanto, será mais bem-sucedido sob certas e determinadas condições.

A riqueza concede ao homem poderosos meios de estudo, permite-lhe dar ao seu espírito uma cultura mais desenvolvida e perfeita, dispensa-lhe maiores faculdades para aliviar seus irmãos infelizes, para contribuir com obras úteis em benefício da sorte destes. Mas são raras essas pessoas que consideram um dever o trabalhar pelo alívio da miséria, pela instrução e pelo melhoramento dos seus semelhantes.

A riqueza quase sempre esteriliza o coração humano; extingue essa chama interna, esse amor do progresso e dos melhoramentos sociais que anima as almas generosas: interpõe uma barreira entre os poderosos e os humildes; faz viver numa esfera onde não comparticipam os deserdados do mundo, e na qual, por conseguinte, as necessidades, os males destes são ignorados, desconhecidos.

A miséria tem também seus perigos terríveis: a degradação dos caracteres, o desespero, o suicídio. Mas enquanto a riqueza nos torna indiferentes e egoístas, a pobreza, aproximando-nos dos humildes, faz apiedarmo-nos das suas dores. É necessário que nós mesmos soframos para podermos avaliar os sofrimentos de outrem. Enquanto os poderosos, no seio das honras, se invejam reciprocamente e procuram rivalizar em pompas, os pequenos, unidos pela necessidade, vivem às vezes em afetuosa fraternidade.

Observai os pássaros nos meses de inverno, quando o céu está sombrio e a Terra coberta com um alvo manto de neves: aconchegados uns aos outros à beira dum telhado, reaquecem-se mutuamente em silêncio. A necessidade os une. Voltam, porém, os dias belos, o Sol resplandecente, a colheita é abundante, e então, cada um trata de si, perseguem-se, guerreiam-se, despedaçam-se. Assim é o homem. Dócil, afetuoso para os seus semelhantes nas ocasiões da necessidade, a posse dos bens materiais torna-o quase sempre esquecido e intratável.

Uma condição modesta convirá melhor ao Espírito que deseja progredir e conquistar as virtudes necessárias à sua ascensão moral. Longe do turbilhão dos prazeres enganosos, julgará melhor a vida. Tomará da matéria tudo o que é preciso para a conservação dos seus órgãos, mas evitará cair em hábitos perniciosos, para não se tornar joguete de inumeráveis necessidades factícias que são os flagelos da humanidade. Será sóbrio e laborioso, contentando-se com pouco, preferindo, acima de tudo, os prazeres da inteligência e as alegrias do coração.

Assim fortificado contra os assaltos da matéria, o homem prudente e inspirado pela luz da razão verá resplandecer os seus destinos. Esclarecido sobre o alvo da vida e sobre o porquê das coisas, permanecerá firme, resignado na dor; saberá aproveitar-se desta vida para sua depuração e seu adiantamento; afrontará a provação com coragem, pois sabe que ela é salutar e que as suas impressões servirão para espremer o fel que está em si. Se alguém o ridiculariza, se o tornam vítima da injustiça e da intriga, ele aprenderá a suportar pacientemente os seus males, ao lembrar-se dos antepassados: Sócrates bebendo a cicuta, Jesus pregado na cruz, Joana d'Arc atirada à fogueira. Consolar-se-á com o pensamento de que seres maiores, mais virtuosos, mais dignos sofreram e morreram pela humanidade.

Enfim, após uma existência cheia de obras, quando soar a hora fatal, é com calma e sem pesar que receberá a morte; a morte, que os mundanos revestem de um sinistro aparato; a morte, espantalho dos poderosos e sensuais, e que, para o pensador austero, é simplesmente a libertação, a hora da transformação, a porta que se abre para o império luminoso dos Espíritos.

Esse vestíbulo das regiões ultraterrestres, ele o franqueará com serenidade. Sua consciência, desprendida das sombras materiais, mostrar-se-á diante dele como um juiz representante de Deus e lhe perguntará: "Que fizeste da vida?" E ele responderá: "Lutei, sofri, amei, ensinei o bem, a verdade, a justiça, dei a meus irmãos o exemplo da correção, da doçura; aliviei os que sofriam, consolei os que choravam. Contudo, que o Eterno me julgue, pois estou em suas mãos!..."

VII
O alvo supremo

Ó homem, ó meu irmão, tem fé em teu destino, pois ele é grandioso. Nasceste com faculdades incultas, com aspirações ilimitadas, e a eternidade te é dada para desenvolveres umas e satisfazeres outras. Engrandecer-te de vida em vida, esclarecer-te pelo estudo, purificar-te pela dor, adquirir uma ciência cada vez mais vasta, qualidades sempre mais nobres: eis o que te está reservado. Deus fez mais ainda em teu benefício: concedeu-te os meios de colaborares em sua obra imensa; de participares na lei do progresso sem limites, abrindo vias novas a teus semelhantes, elevando teus irmãos, atraindo-os a ti, iniciando-os nos esplendores do que é verdadeiro e belo e nas sublimes harmonias do universo. O progresso das almas e dos mundos não será a realização dessa obra? Esse trabalho gigantesco, fértil em gozos, não será preferível a um repouso insípido e estéril? Colaborar com Deus! Levar a efeito em tudo e por toda parte o bem, a justiça! Que poderá haver de maior, de mais digno para o teu espírito imortal?!

Ergue, pois, o teu olhar e abraça as vastas perspectivas de teu futuro infinito! Recolhe desse espetáculo a energia necessária para afrontar os vendavais e as tormentas mundanas. Caminha, valente lutador! Transpõe as escarpas que conduzem às sumidades designadas sob os nomes de virtude, dever, sacrifício! Não te entretenhas pelo caminho a colher florezinhas das moitas, ou a divertir-te com coisas pueris. Avante e sempre avante!

Vês, nos céus esplêndidos, esses astros reluzentes, esses sóis inumeráveis arrastando, em suas evoluções, prodigiosos cortejos brilhantes de planetas? Quantos séculos acumulados não foram precisos para formá-los! Quantos outros séculos não serão necessários para dissolvê-los! Pois bem, dia virá em que todos esses focos se extinguirão, em que todos esses mundos gigantescos deverão desaparecer para dar lugar a novas esferas, a novas famílias de astros emergindo das profundezas abismais. O que vês hoje não perdurará. O sopro do Infinito varrerá para sempre a poeira desses mundos gastos, mas tu, tu viverás sempre, prosseguindo a eterna jornada no seio duma criação renovada incessantemente. Que serão, pois, para a tua alma purificada, engrandecida, as sombras, os cuidados da época presente? Acidentes efêmeros da viagem não deixarão em nossa memória senão tristes ou doces lembranças. Diante dos horizontes infinitos da imortalidade, os males do presente, as provas suportadas, serão como névoa fugaz no meio dum céu sereno.

Considera, portanto, no seu justo valor as coisas terrenas. Sem dúvida, não deverás desdenhá-las, porque são necessárias ao teu progresso. A tua missão é contribuir para o teu aperfeiçoamento, melhorando-te a ti mesmo, mas não prendas exclusivamente nelas a tua alma e busca antes de tudo os ensinos que em si contiverem. Graças a eles, compreenderás que o alvo da vida não é de gozos ou venturas, mas o aperfeiçoamento por meio do trabalho, do estudo, do cumprimento do dever inerente à alma, personalidade que encontrarás além do túmulo, tal como tu mesmo a trabalhaste nesta existência terrestre.

VIII
Provas experimentais

A solução que acabamos de dar sobre os problemas da vida é baseada na mais rigorosa lógica. É conforme com as crenças dos maiores gênios da Antiguidade, os ensinos de Sócrates, de Platão, de Orígenes; está em concordância com as profundas doutrinas dos druidas, que, depois de vinte séculos, puderam ser reconstituídas pela História e hoje extasiam o espírito humano. Essa solução forma a parte essencial das filosofias do Oriente e inspirou obras e atos sublimes. É nela que os gauleses encontravam a sua coragem indomável e aprendiam a desprezar a morte. Nos tempos modernos, ela foi acolhida por Jean Reynaud, Henri Martin, Esquiros, Pierre Leroux, Victor Hugo, etc.

Entretanto, apesar do seu caráter absolutamente racional, apesar da autoridade das tradições em que repousa, essa solução seria qualificada de pura hipótese e levada ao domínio da imaginação se não pudéssemos firmá-la sobre uma base inabalável, sobre experiências dirctas, sensíveis, ao alcance de todos.

O espírito humano, fatigado das teorias e dos sistemas, perante toda a afirmação nova, reclama provas. Essas provas da existência da alma e sua imortalidade, o espiritualismo experimental no-las patenteia, materiais, evidentes. Bastará observar, imparcial e seriamente, estudar com perseverança os fenômenos designados como espíritas, para nos convencermos da sua realidade e importância, para compreendermos as suas enormes consequências sob o ponto de vista das transformações sociais, visto trazer uma base positiva, um apoio sólido às leis morais, ao ideal da justiça, sem o quê nenhuma civilização poderia desenvolver-se.

As almas dos mortos se revelam aos entes humanos. Manifestam sua presença, se entretêm conosco, nos iniciam nos mistérios das vidas renascentes, nos esplendores desse futuro que será o nosso.

Eis aí um fato real, muito pouco conhecido e ainda menos contestado. As experiências do novo espiritualismo foram acolhidas com sarcasmos e todos os que, apesar disso, se ocuparam com ele foram escarnecidos, ridicularizados, considerados como loucos.

Tal tem sido em todos os tempos o destino das ideias novas, o acolhimento reservado às grandes descobertas. Muitos consideram como trivial o fato da dança das mesas, porém, as maiores leis do universo, as mais poderosas forças da natureza, não foram reveladas por um modo mais digno. Não foi devido às experiências com as rãs que se chegou a descobrir a eletricidade? A queda duma maçã demonstrou a atração universal, a ebulição duma panela patenteou a ação do vapor. Quanto ao fato de serem alcunhados de loucos, os espíritas partilham a esse respeito a sorte de Salomão de Caus, de Harvey e muitos outros homens de gênio.

Coisa digna de nota: a maior parte dos que criticam apaixonadamente esses fenômenos não os observou nem os estudou, e, no número daqueles que os conhecem e afirmam a sua existência, contam-se os maiores sábios da época. Tais são entre outros: na Inglaterra, William Crookes, membro da Sociedade Real de Londres, químico eminente, a quem se deve a descoberta da matéria radiante; Russel Wallace, o êmulo de Darwin; Varley, engenheiro-chefe dos telégrafos; na América, o jurisconsulto Edmonds, presidente do Senado; na Alemanha, o ilustre astrônomo Zöllner e os professores Ulrici Weber, Rechner, da Universidade de Leipzig; na França, Camille Flammarion, o Dr. Paul Gibier, discípulo de Pasteur, Vacquerie, Eugène Nus, C. Fauvety, etc. Na Itália, o célebre professor Lombroso, depois de ter por muito tempo contestado a possibilidade dos fatos espíritas, fez acerca deles um estudo e terminou reconhecendo publicamente a sua realidade (setembro de 1891). Visto isso, digam agora de que lado estão as garantias de exame sério, de reflexão circunspecta. Aos que negavam o movimento da Terra, Galileu respondia: "E, no entanto, ela se move!". E Crookes, a propósito dos fatos espíritas: "Não digo que isso é possível, mas sim que é real". A verdade, a princípio qualificada de utopia, acaba sempre por prevalecer.

Verificamos também que a atitude da imprensa a respeito desses fenômenos tem-se modificado sensivelmente. Já não se zomba nem se ridiculariza; percebe-se que há nisso alguma coisa de importante. Os grandes jornais parisienses, *Le Rappel*, *Le Figaro*, *Le Gil Bias*, etc., publicam, frequentemente, artigos notáveis sobre o assunto. A doutrina do espiritualismo experimental se espalha no mundo com uma rapidez prodigiosa. Nos Estados Unidos da América do Norte, seus adeptos se contam por milhares; a Europa ocidental está nele iniciada e, nos centros mais afastados, na Espanha, na Rússia, fundam-se sociedades de investigações, aparecem numerosas publicações. Acaba de ser fundada em Paris a *Société de Recherches Psychiques,* pelo professor Charles Richet e pelo coronel de Rochas, diretor da Escola Politécnica, a fim de estudar experimentalmente os fatos espíritas.

Para a obtenção dos fenômenos psíquicos, é indispensável o concurso de certos indivíduos particularmente dotados. Os Espíritos não podem agir sobre os corpos materiais e chocar os nossos sentidos sem uma provisão de fluido vital que retiram de certas pessoas designadas pelo nome de *médiuns*. Todos têm rudimentarmente a mediunidade, a fim de a desenvolver pelo trabalho e exercício.

A alma, na sua existência ultraterrestre, não está desprovida de forma. Tem um corpo fluídico, de matéria vaporosa, quintessenciada, que reveste todas as aparências do corpo humano e que se denomina *perispírito*. O perispírito é preexistente e sobrevive ao corpo material. É nele que se registram e se acumulam todas as suas aquisições intelectuais e lembranças. Constitui um organismo sutil e é por sua ação sobre o fluido vital dos médiuns que o Espírito se manifesta aos entes humanos, faz ouvir pancadas, desloca objetos, corresponde-se conosco por sinais convencionais. Em certos casos, pode também tornar-se visível, tangível, produzir a escrita direta, etc. Todos esses fatos foram observados, milhares de vezes, pelos sábios acima citados e por pessoas de todas as classes, de todas as idades e de todos os países. Provam-nos experimentalmente que existe, em volta de nós, um mundo invisível, povoado de almas que deixaram a Terra, entre as quais se acham muitas das que conhecemos, amamos, e às quais nos juntaremos algum dia. São elas que nos ensinam a filosofia consoladora e grandiosa de que esboçamos acima os traços principais.

E note-se bem que essas manifestações, consideradas por tantos homens — sob o império de preconceitos acanhados — como estranhas, anormais, impossíveis, essas manifestações existiram sempre. Relações contínuas têm unido o mundo dos Espíritos ao mundo dos encarnados. A História vem em nosso apoio. A aparição de Samuel a Saul, o gênio familiar de Sócrates, os de Tasso e de Jerônimo Cardan, as vozes de Joana d'Arc e muitos outros fatos análogos procedem das mesmas causas. Mas o que se considerava outrora como sobrenatural hoje se apresenta com um caráter racional, como uma síntese de fatos regidos por leis rigorosas, cujo estudo faz despontar em nós uma convicção profunda e esclarecida. Esses fatos, vê-se bem, longe de serem desprezíveis, constituem uma das maiores revoluções intelectuais e morais que têm sido produzidas na história deste planeta. São a maior barreira que se pode opor ao materialismo. A certeza de revivermos além do túmulo, na plenitude de nossas faculdades e de nossa consciência, faz que a morte não mais cause temor. O conhecimento das situações felizes ou desgraçadas que couberam aos Espíritos por causa das suas boas ou más ações oferece uma poderosa sanção moral. A perspectiva dos progressos infinitos, das conquistas intelectuais, que aguardam todos os seres e os conduzem para destinos comuns, deverá aproximar as criaturas, uni-las pelos laços fraternais. A doutrina do espiritualismo experimental é a única filosofia positiva que se adapta às necessidades morais da humanidade.

IX
Resumo e conclusão

Em resumo, os princípios que decorrem do novo espiritualismo — princípios ensinados por Espíritos desencarnados, em muito melhores condições do que nós para discernir a verdade — são os seguintes:

Existência de Deus: inteligência diretriz, alma do universo, unidade suprema onde vão terminar e harmonizarem-se todas as relações, foco imenso das perfeições, donde se irradiam e se espalham no Infinito todas as potências morais: justiça, sabedoria, amor!

Imortalidade da alma: essência espiritual que encerra no estado de germe todas as faculdades, todas as potências; é destinada a desenvolver estas pelos seus trabalhos, encarnando em mundos materiais, elevando-se por vidas sucessivas e inumeráveis, de degraus em degraus, desde as formas inferiores e rudimentares até a perfeição na plenitude da existência.

Comunicação entre os vivos e os mortos: ação recíproca de uns sobre os outros; permanência das relações entre ambos os mundos; solidariedade entre todos os seres, idênticos em origem e nos fins, diferentes somente em sua situação transitória; uns, no estado de Espírito, livres no espaço, outros revestidos dum invólucro perecível, mas passando alternadamente dum estado a outro, não sendo a morte mais que um tempo de repouso entre duas existências terrestres.

Progresso infinito; justiça eterna, sanção moral; a alma, livre em seus atos e responsável, edifica por si mesma o seu futuro; conforme seu estado moral, os fluidos grosseiros ou sutis que compõem seu perispírito e que atraem a si pelos seus hábitos e tendências, esses fluidos, submetidos à lei universal de atração e gravidade, a arrastam para essas esferas inferiores, para esses mundos de dor onde ela sofre, expia, resgata o passado, ou então a levam para esses planetas felizes onde a matéria tem menos império, onde reina a harmonia, a bem-aventurança; a alma, na sua vida superior e perfeita, colabora com Deus, forma os mundos, dirige suas evoluções, vela pelo progresso das humanidades e pelo cumprimento das leis eternas.

Tais são os ensinos que o Espiritismo experimental nos traz. Não são outros senão os do Cristianismo primitivo, desprendidos das formas materiais do culto, despojados dos dogmas, das falsas interpretações, dos erros com que os homens velaram e desfiguraram a filosofia do Cristo.

A nova doutrina, revelando a existência dum mundo oculto, invisível, tão real, tão vivo como o nosso, abre ao pensamento humano horizontes diante dos quais ele hesita ainda porque fica atônito e deslumbrado. Mas as relações que essa revelação facilita entre os vivos e os mortos, as consolações, as animações que daí decorrem, a certeza de que encontraremos todos esses a quem supúnhamos perdidos para sempre, de que recebemos deles os supremos ensinos, tudo isso constitui um conjunto de forças incalculáveis, de recursos morais que o homem não pode esquecer ou desprezar sem incorrer em penas.

Entretanto, apesar do grande valor dessa doutrina, o homem do século, profundamente cético, imbuído de preconceitos, não lhe teria ligado importância se os fatos não viessem corroborá-la. Para abalar o espírito humano, superficial, indiferente, eram necessárias as manifestações materiais, estrondosas. Eis por que, cerca do ano 1850, em meios diferentes, móveis de toda a espécie foram agitados, soaram fortes pancadas nas paredes, corpos pesados se deslocaram, assim contradizendo as leis físicas conhecidas, mas, após essa primeira fase grosseira, os fenômenos espíritas tornaram-se cada vez mais inteligentes. Os fatos psíquicos (do grego *psyché,* alma) sucederam às manifestações de ordem física; médiuns escreventes, oradores, sonâmbulos, curadores se revelaram, recebendo mecânica ou intuitivamente inspirações cuja causa estava acima deles; aparições visíveis e tangíveis se produziram, e a existência dos Espíritos tornou-se incontestável para todos os observadores que não estavam obcecados por ideias preconcebidas.

Assim apareceu à humanidade a nova Doutrina, apoiada, por um lado, nas tradições do passado, na universalidade dos princípios que se encontram na origem de todas as religiões e da maior parte das filosofias; pelo outro, nos inumeráveis testemunhos psicológicos, nos fatos observados em todos os países, por homens de todas as condições.

Coisa notável: essa ciência, essa filosofia nova, simples e acessível a todos, livre de todos os aparatos e formas de culto, essa ciência apresenta-se mesmo na ocasião propícia, em que as velhas crenças se enfraquecem e se esboroam, no momento em que o sensualismo se espalha qual praga imensa, quando os costumes se corrompem e os laços sociais se afrouxam, quando o velho mundo erra em aventuras, sem freio, sem ideal, sem lei moral, como um navio privado de leme, flutuando à matroca.

Qualquer observador refletido não desconhecerá que a sociedade moderna atravessa uma crise temerosa. Profunda decomposição a corrói surdamente. O amor do lucro e o desejo dos gozos tornam-se dia por dia mais aguçados, mais ardentes. Deseja-se possuir a todo o custo. Todos os meios são bons para se adquirir o bem-estar, a fortuna, único alvo que julgam digno da vida. Tais aspirações só poderão produzir estas consequências: o egoísmo inexorável dos felizes, o ódio e o desespero dos infortunados. A situação dos pequenos, dos humildes, é dolorosa; e estes, muitas vezes atirados às trevas morais, onde não vislumbram uma consolação, buscam no suicídio o termo de seus males. Por uma progressão gradual, o número dos suicidas, que no ano de 1830 era de 1.500, calculando-se só os da França, foi-se elevando cada vez mais até atingir atualmente mais de 8.000.

O espetáculo das desigualdades sociais, os sofrimentos de uns em oposição às alegrias aparentes, às satisfações sensuais, à indiferença de outros; esse espetáculo atiça no coração dos deserdados um ódio ardente. A reivindicação dos bens materiais já se acentua. Organizem-se essas massas enormes de entes humanos, levantem-se, e o velho mundo será abalado por convulsões terríveis.

A ciência é impotente para conjurar o mal, erguer os caracteres, curar as feridas dos combatentes da vida. Na verdade, as ciências da época apenas tratam de assuntos superficiais da natureza, reunindo fatos, oferecendo ao espírito humano uma soma de conhecimentos sobre o objeto que lhe é próprio. É assim que as ciências físicas se enriqueceram prodigiosamente desde meio século, mas esses trabalhos esparsos são deficientes em concatenação, unidade e harmonia. A ciência por excelência, essa, que da série dos fatos deve remontar à causa que os produz, essa que deve ligar, unir as ciências diversas em grandiosa e magnífica síntese, fazendo despontar uma concepção geral da vida, fixar nossos destinos, desprender uma lei moral, uma base de melhoramento social, essa ciência universal e indispensável não existe ainda.

Se as religiões agonizam, se a fé velha desaparece, se a ciência é impotente para fornecer ao homem o ideal necessário, a fim de regular sua marcha e melhorar as sociedades, ficará tudo por isso em situação desesperada?

Não, porque uma doutrina de paz, de fraternidade e progresso, desce a este mundo perturbado e vem apaziguar os ódios selvagens, acalmar as paixões, ensinar a todos a solidariedade, o perdão, a bondade.

Oferece à ciência essa síntese desejada, sem o quê ela permaneceria estéril para sempre. Triunfa da morte e, além desta vida de provações e males, abre ao Espírito as perspectivas radiosas dum progresso sem limites na imortalidade.

Diz a todos: "Vinde a mim, eu vos animarei, vos consolarei, vos tornarei mais doce a vida, mais fáceis a coragem e a paciência, mais suportáveis as provas. Povoarei de bastante claridade vosso caminho escuro e tortuoso. Aos que sofrem, dou a esperança; aos que procuram, concedo a luz; aos que duvidam e desesperam, ofereço a certeza e a fé".

Diz a todos: "Sede irmãos, ajudai-vos, sustentai-vos na vossa marcha coletiva. Vosso alvo é mais elevado que o desta vida material e transitória, pois consiste nesse futuro espiritual que deve reunir-vos todos como membros duma só família, ao abrigo de inquietações, de necessidades e males inumeráveis. Procurai, portanto, merecê-lo por vossos esforços e trabalhos!"

No dia em que for compreendida e praticada essa doutrina, fonte inesgotável de consolações, a humanidade será grande e forte. Então, a inveja e o ódio ficarão extintos; o poderoso, sabendo que foi fraco e pode tornar a sê-lo, que a sua riqueza deve ser considerada como um empréstimo do Pai comum, tornar-se-á mais caritativo, mais afável para com seus irmãos desgraçados. A ciência, completa, fecundada pela nova filosofia, expelirá as superstições, as trevas. Não mais haverá ateus ou céticos. Uma fé simples, grandiosa, fraternal se estenderá sobre as nações, fará cessar os ressentimentos, as rivalidades profundas. A Terra, desembaraçada dos flagelos que a devoram, prosseguindo sua ascensão moral, elevar-se-á cada vez mais na escala dos mundos.

Correspondência inédita de Laváter

Preâmbulo

No castelo grão-ducal de Pawlowsk, situado a vinte e quatro milhas de Petersburgo, onde o imperador Paulo da Rússia passou os anos mais felizes da sua vida e que se tornou depois a residência favorita da imperatriz Maria, sua augusta viúva, verdadeira benfeitora da humanidade que sofre, acha-se uma seleta biblioteca, fundada por esses imperantes, na qual, entre muitos tesouros científicos e literários, encontra-se também um maço de cartas autógrafas de Laváter que ficaram desconhecidas dos biógrafos do célebre fisiognomonista.

Essas cartas são datadas de 1798 e procedentes de Zurique. Dezesseis anos antes, em Zurique e em Schaffhouse, Laváter teve ocasião de ser apresentado ao conde e à condessa do Norte (é este o título sob o qual o grão-duque da Rússia e sua esposa viajavam então pela Europa), e, de 1796 a 1800, ele dirigiu à imperatriz Maria algumas cartas sobre os traços fisionômicos e bem assim algumas outras sobre o futuro reservado à alma depois da morte.

Nessas cartas, Laváter estabelece que a alma, depois de deixar o corpo, pode inspirar ideias a qualquer pessoa que esteja apta para receber-lhe a luz e assim fazer-se comunicar por escrito a algum amigo que houvesse deixado na Terra, a fim de lhe dar suas instruções.

Essas cartas inéditas de Laváter foram descobertas após uma revisão que o Dr. Minzloff, diretor da biblioteca imperial de Petersburgo, ali fez. Com a autorização do proprietário atual do castelo de Pawlowsk, sua alteza imperial, o grão-duque Constantino, e sob os auspícios do barão de Korff, atualmente conselheiro do império e antigo diretor-chefe da biblioteca desse castelo, que lhe deve os seus mais notáveis melhoramentos, essas cartas foram, em 1858, publicadas em Petersburgo sob o título: *Johann-Kaspar Lavater's briefe, an die kaisserin Maria Feodorawna gemahlin kaisser Paul I von Russland* (cartas de João Gaspar Laváter à imperatriz Maria Féodorawna, esposa do imperador Paulo I da Rússia). Essa obra foi editada à custa da biblioteca imperial e oferecida em homenagem à Universidade de Iena por ocasião do terceiro centenário da sua fundação.

A correspondência oferece um duplo interesse por causa da alta posição das personagens às quais foi dirigida e pela especialidade do assunto. As ideias expressas por Laváter sobre o estado da alma depois da morte aproximam-se muito das que foram emitidas pelos teósofos do seu tempo, seita que era abraçada por grande número de homens esclarecidos. Sua concordância com a Doutrina Espírita moderna é um fato digno de nota.

Essas cartas provam que a crença nas relações entre o mundo material e o mundo espiritual germinava na Europa desde o fim do século XVIII e que não somente esse célebre filósofo alemão estava convencido dessas relações, mas também (os próprios termos da sua correspondência não permitem duvidar) que tais ideias fossem partilhadas pelo imperador e pela imperatriz, pois, expondo-as, Laváter não fazia mais do que atender ao desejo que eles haviam manifestado.

Seja qual for a opinião que se forme sobre essa correspondência, ela não deixa de ser muito interessante, mesmo somente do ponto de vista histórico.

As cartas vão simultaneamente acompanhadas de notas, inseridas por nós como explicação complementar às ideias nelas emitidas e que, aliás, estão em concordância com a Doutrina Espírita que apareceu ou foi compilada muito depois dessa época.

Primeira
Carta

Sobre o estado da alma depois da morte

IDEIAS GERAIS
Muito veneranda Maria, da Rússia.
Dignai-vos permitir-me a liberdade de não vos dar o título de majestade, que vos é devido pelo mundo, mas que não se harmoniza com a santidade do assunto sobre o qual desejastes ouvir-me, a fim de eu poder escrever-vos com franqueza e sinceridade.

Desejais conhecer algumas das minhas ideias sobre o estado das almas depois da morte.

Apesar do pouco que é dado ao mais douto conhecer de tal assunto, apesar de nenhum dos que têm partido para essa região[1] ignota ter jamais voltado, o homem pensador, o discípulo daquele que desceu até nós pode, entretanto, dizer quanto é necessário para termos coragem, tranquilidade e podermos refletir.

---

[1] N. T.: Os Espíritos nos ensinam que essa região, de onde viemos e para a qual voltamos, é o mundo espiritual ou o espaço. Ele é apenas desconhecido para os seres encarnados. Quando o nosso corpo repousa, o nosso Espírito vai librar-se nesse mundo, e, ao acordarmos, resta-nos daí quase sempre uma vaga lembrança, que denominamos sonho.

Desta vez, limitar-me-ei a ideias gerais.

Penso que deve existir grande diferença entre o estado, a maneira de sentir e de pensar de uma alma separada do seu corpo material e o estado em que se achava quando a ele ligada. Essa diferença deve ser tal, pelo menos, qual a que existe entre uma criança recém-nascida e o feto ainda no seio materno.²

Ligados estamos à matéria, e é pelos órgãos desta que a alma recebe as percepções e o entendimento.

A diferença na construção dos telescópios, dos microscópios e dos óculos comuns faz que os objetos, que por meio deles vemos, nos apareçam sob formas diferentes.

Nossos sentidos são os telescópios, os microscópios e os óculos necessários à nossa vida material.

Penso que o mundo visível deve ser perfeitamente penetrável para a alma separada do corpo, assim como ele o é durante o sono, ou por outra, o mundo em que a alma estava durante sua existência corpórea deve aparecer-lhe sob outro aspecto, quando ela se desmaterializa.

Se, durante algum tempo, a alma pudesse estar sem corpo, o mundo material não existiria para ela. Se, porém, imediatamente depois de haver deixado o corpo, ela se reveste de *um corpo espiritual*,³ *extraído do seu corpo material* (o que me parece muito verossímil), o novo corpo dar-lhe-á, forçosamente, uma diferente percepção das coisas.

Se, como pode suceder às almas impuras, *o novo corpo permanecesse durante algum tempo imperfeito* e *pouco desenvolvido*, todo o universo apareceria à alma em estado confuso e turvo, como se fosse através de um nevoeiro.⁴

Se, porém, o corpo espiritual, o *condutor*, o *intermediário de suas novas impressões*, for ou vier a ser mais aperfeiçoado ou mais bem

---

² N. T.: Essa diferença de estado existe também durante o sono, e assim pode-se dizer que morremos todas as noites. Neste estado, como no do sonambulismo, o Espírito conserva-se preso ao corpo por um laço fluídico, mas isso não impede o Espírito de transportar-se às regiões acessíveis ao seu grau de adiantamento. A separação entre o Espírito e o corpo torna-se efetiva somente depois da morte deste.

³ N. T.: Esse corpo espiritual é o que foi designado em O livro dos espíritos por *perispírito*, e como tal conserva as aparências que a alma tinha na sua vida material. O perispírito é conservado sempre com a alma e lhe serve de veículo em todas as suas encarnações.

⁴ N. T.: Esse estado constitui a perturbação para a alma, porém é provisório, pois, desde que a alma se depura ou progride, o perispírito se rarefaz e deixa ver as coisas de um modo mais claro.

organizado, o mundo da alma lhe aparecerá mais belo e regular, de acordo sempre com a natureza ou as qualidades de seus novos órgãos e com o grau de sua perfeição.

Os órgãos se simplificam, adquirem entre si harmonia e são mais apropriados à natureza, ao caráter, às necessidades e forças da alma, à medida que esta se concentra, se enriquece e se purifica no mundo material, visando a um único objetivo e obrando num determinado sentido.

A alma *aperfeiçoa em sua existência material* as qualidades do corpo espiritual, veículo com que continuará a existir depois da morte do corpo material e pelo qual conceberá, sentirá e obrará em sua nova existência.[5]

Esse novo corpo, apropriado à sua natureza íntima, fará a alma mais pura e amante, mais viva e apta às belas sensações, impressões, contemplações, ações e gozos.

Tudo o que se pode e tudo o que, aliás, não se pode ainda dizer sobre o estado da alma depois da morte será sempre fundado neste axioma permanente e geral: *o homem colhe o que houver plantado*.[6]

Difícil seria encontrar um princípio mais simples, mais claro, mais abundante e próprio para ser aplicado a todos os casos possíveis.

Existe uma lei geral da natureza, estreitamente ligada e mesmo identificada com o princípio que acabo de mencionar, relativamente ao estado da alma depois da morte, uma lei que rege todos os mundos e todas as condições possíveis, tanto no mundo visível quanto no invisível, a saber: tudo o que se assemelha tende a reunir-se, tudo o que é idêntico se atrai reciprocamente, desde que não haja obstáculos que se oponham a essa união.

Toda a doutrina sobre o estado da alma depois da morte baseia-se neste princípio: tudo o que vulgarmente chamamos juízo prévio, compensação, felicidade suprema, condenação, pode ser explicado deste modo: se tiveres semeado o bem em ti mesmo e nos outros,

---

[5] N. T.: Essa nova existência é a espiritual, de onde viemos e para a qual voltamos. É aí mesmo que nos prepararemos para nova encarnação, cujos principais incidentes são sempre as consequências das vidas anteriores.

[6] N. T.: Por ocasião da morte do corpo, o Espírito cai numa perturbação, espécie de letargia, cuja duração é variável. Voltando a ter consciência de si, o Espírito reconhece o seu passado e, então, *colhe o que semeou*, em virtude da lei das consequências, lei inflexível à qual ninguém pode subtrair-se. Lede a obra *O céu e o inferno*.

fora de ti, pertencerás à sociedade daqueles que, como tu, semearam o bem em si e fora de si; gozarás a estima daqueles a quem te assemelhaste na maneira de fazer o bem.

Cada alma, separada do seu corpo, livre das prisões da matéria, se apresenta a si própria tal como é na realidade.[7]

Todas as ilusões, todas as seduções que a impediam de ver e reconhecer suas forças, suas fraquezas ou suas faltas, desaparecerão nesse novo estado. Assim, ela manifestará irresistível tendência a dirigir-se para as almas que lhe estão em afinidade e a afastar-se das que lhe são dessemelhantes. Seu peso intrínseco, como que obedecendo à lei de gravitação, atraí-la-á aos abismos insondáveis (ao menos isso assim lhe parece), ou, segundo o seu grau de força, lançá-la-á, qual chispa por sua ligeireza, aos ares e ela passará rapidamente às regiões luminosas, fluídicas, etéreas.

A alma, por seu senso íntimo, conhece o seu próprio peso e é este, ou seu estado de progresso, que a impele para diante, para trás ou para os lados, e seu caráter moral ou religioso é que lhe inspira certas tendências particulares.

O bom Espírito elevar-se-á para os bons; será atraído para eles em virtude da necessidade que sente do bem.

O perverso ou mau será forçosamente empurrado[8] para os perversos ou maus. A descida precipitada das almas grosseiras, imorais e irreligiosas para as que se lhes assemelham, será tão rápida e inevitável como a queda do junco num abismo onde nada o detém.

Basta por hoje.

João Gaspar Laváter
Zurique, 1º de agosto de 1796.

(Com a permissão de Deus, escrever-vos-ei sobre
este assunto de oito em oito dias.)

---

[7] N. T.: O sonambulismo já ofereceu exemplos de percepção. Depois da morte do corpo, o perispírito se torna o principal órgão de transmissão e a percepção se opera em razão do seu grau de progresso. Os Espíritos inferiores não podem, portanto, ver e julgar como aqueles que são superiores. Lede a obra *O céu e o inferno*.

[8] N. T.: Lei das afinidades. Esses Espíritos inferiores têm uma ocupação útil nas agitações terrestres. Instrumentos *voluntários* do mal, eles servem para suscitar entre nós as causas das lutas de que sempre resultam ensino e progresso.

Segunda
Carta

As necessidades experimentadas pelo Espírito durante o *seu desterro no corpo material,* ele continua a senti-las depois de o abandonar.⁹

A felicidade para ele consistirá na satisfação dessas necessidades; a condenação resulta da impossibilidade de satisfazer seus apetites carnais no mundo espiritual, onde então se acha.

Tais necessidades constituem-lhe uma condenação, pois somente ficaria satisfeita se pudesse saciá-las.

Eu quisera poder dizer a toda a gente: analisa o caráter de tuas necessidades, dá-lhes o verdadeiro nome e depois pergunta a ti mesmo: serão tais vícios admissíveis no mundo espiritual? Podem achar em tal mundo sua legítima satisfação? E, caso possam ser aí saciados, serão eles, porventura, daqueles que o Espírito imortal não sinta profunda vergonha em confessar honrosamente que os tem e deseja satisfazê-los em face dos outros seres espirituais e imortais como ele?

A necessidade de satisfazer aspirações espirituais de outras almas imortais, de procurar os puros gozos da existência, de inspirar a certeza da continuação da vida depois da morte, de cooperar, por esse meio, no grande plano da sabedoria e do amor supremos, o progresso adquirido por essa nobre atividade, tão digna como o desejo

---

⁹ N. T.: Esse estado é uma consequência do passado, mas os Espíritos adiantados estão livres disso. Lede a obra *O céu e o inferno.*

desinteressado do bem, permitem às almas a aptidão e o direito de serem recebidas nos grupos ou círculos de Espíritos os mais elevados, os mais puros, os mais santos.

Quando tivermos, ó veneranda senhora, a íntima persuasão de que a necessidade mais natural que pode nascer numa alma imortal é a de aproximar-se cada vez mais de Deus e de assemelhar-se ao Pai de todas as criaturas, quando essa necessidade predominar em nós, oh! então nenhum receio deveremos nutrir a respeito do nosso futuro, ao ficarmos despojados do corpo, essa espessa muralha que nos oculta o Criador.

Esse corpo material que nos separa dele será decomposto, e o véu que nos tolhia a vista do mais Santo dos santos será rasgado. O Ser adorável, a quem amávamos sobre todas as coisas, terá então, com suas esplendorosas graças, livre entrada em nossa alma, sedenta dele, e que então o receberá com alegria e amor.

Desde que o amor de Deus seja o maior de nossa alma, esta, por obra dos esforços empregados para se aproximar e se assemelhar a Ele em seu amor vivificante da humanidade, essa alma, desembaraçada do seu corpo, passando sucessivamente por muitos graus para aperfeiçoar-se cada vez mais, subirá com assombrosa velocidade até o objeto de sua mais profunda veneração e de seu amor ilimitado, até o inesgotável manancial, único que poderá satisfazer todas as necessidades e aspirações.

Nenhuma vista débil, enferma ou coberta de névoa, poderá fixar-se no Sol; do mesmo modo, nenhum Espírito impuro envolto na névoa formada por uma vida exclusivamente material poderá, embora libertado do corpo, suportar a vista do mais puro sol dos Espíritos em sua esplendorosa luz, não poderá ver esse foco de que partem raios de luz e de sentimentos infinitos que penetram todos os recessos da criação.

Quem melhor do que vós, senhora, sabe que os bons são atraídos para os bons? Que só as almas elevadas sabem gozar da presença de outras almas delicadas?

Quem for conhecedor da vida e dos homens, esse que muitas vezes se tem encontrado na sociedade com aduladores pouco recatados, com efeminados[10] e pessoas sem caráter, pressurosas sempre em fazer

---

[10] N.E.: Essas ideias refletem o espírito da época em que a obra foi escrita.

sobressair a palavra mais insignificante, a menor alusão, para mendigarem favores, quem conhecer os hipócritas que buscam cuidadosamente penetrar o pensamento dos outros para interpretá-los em sentido contrário ao verdadeiro; esse homem superior, digo, deve saber como e quanto essas almas vis e escravas se sentem subitamente feridas e trespassadas por uma simples palavra pronunciada com firmeza e dignidade, e como ficam elas confundidas ante um olhar severo que lhes faça sentir que são conhecidas e julgadas pelo seu justo valor.

Quão penoso lhes é então suportar a presença de um homem honrado!

Nenhuma alma vil e hipócrita pode sentir-se bem ao contato de uma alma nobre e enérgica que lhe penetrou os sentimentos.

A alma impura, que deixou o corpo, deve, por sua natureza íntima, como que atuada por força oculta e invencível, fugir à presença de todo ser puro e luminoso, a fim de lhe ocultar, tanto quanto for possível, as imperfeições que não pode esconder de si e das suas iguais.

Ainda que não estivesse escrito "Ninguém poderá ver o Senhor sem estar purificado", essa ideia permanece na ordem natural das coisas.

Uma alma impura está naturalmente colocada em condições de não poder entreter relações com uma alma pura e mesmo de não poder ter simpatia por ela.

Uma alma que teme a luz não pode, pela mesma razão, ser atraída para o manancial da luz. A claridade sem mescla de trevas deve abrasá-la como um fogo devorador.

E quais são, senhora, as almas a que chamamos *impuras*? Creio que são aquelas em quem nunca despontou o desejo de purificar-se, de corrigir-se, de aperfeiçoar-se. Creio que são aquelas que jamais se curvaram ao elevado princípio do desinteresse, aquelas que se constituíram o centro único de todos os seus desejos e de todas as suas ideias, aquelas que se consideram o objetivo de tudo o que existe e que somente procuram o meio de satisfazer suas paixões e seus sentidos, aquelas, enfim, em quem dominam o orgulho, o egoísmo, o amor-próprio, o interesse pessoal e querem, ao mesmo tempo, servir a dois senhores que se contradizem.

Semelhantes almas devem encontrar-se, depois da sua separação do corpo, segundo me parece, no miserando estado de uma horrível contemplação de si mesmas, ou, o que vale o mesmo, sentem reciprocamente um profundo desprezo por si e serão arrastadas por uma força irresistível para a esmagadora sociedade de outras almas egoístas.[11]

O egoísmo, pois, é que produz a impureza da alma e acarreta o sofrimento.

O egoísmo é combatido por alguma coisa de puro e divino que existe na alma: o sentimento moral.

Sem esse sentimento, o homem seria incapaz de qualquer gozo moral, da estima ou do desprezo de si mesmo, da esperança ou do temor da vida futura. Essa luz divina é que lhe faz insuportável toda a obscuridade que existe em si, e eis aí a razão pela qual as almas delicadas, que têm o senso moral, sofrem cruelmente quando o egoísmo se apodera delas e as domina.

Da concordância e da harmonia que se estabelece no homem, entre ele mesmo e sua lei íntima, dependem sua pureza, sua aptidão para receber a luz, sua ventura, seu Céu e seu Deus, que então lhe aparece assemelhando-se a ele próprio.

Àquele que sabe amar, Deus aparece como o supremo amor sob mil formas amantes,[12] e seu grau de felicidade ou de aptidão para fazer ditosos aos outros são proporcionais ao princípio de amor que ele sente.

Aquele que ama sem interesse vive em harmonia com o manancial de todo o amor e com todos os que nele bebem.

Procuremos, pois, senhora, conservar em nós o amor em toda a sua pureza e seremos sempre atraídos para as almas amorosas.

Purifiquemo-nos progressivamente das máculas do egoísmo, porque, quando tivermos de abandonar este mundo, devolvendo à terra nosso invólucro mortal, nossa alma tomará seu voo com a velocidade do raio, até alcançar o modelo de todos os que amam e unir-se a ele com inefável alegria.

---

[11] N. T.: Tudo se combina, se encadeia e procede das mesmas leis, embora os meios sejam diferentes. Lede a obra *O céu e o inferno*.
[12] N. T.: Atendendo-se ao fato de não ser ainda permitido conhecer o mistério da Divindade, essa definição parece suficiente.

Nenhum de nós pode saber qual será a sorte da alma depois da morte do corpo, entretanto, estou plenamente convencido de que, depois de rotos os laços da matéria, o amor purificado deve necessariamente dar ao nosso Espírito uma existência feliz, um gozo contínuo de Deus e um poder ilimitado para fazer ditosos todos os que são aptos para a felicidade.

Oh! quão incomparável é a liberdade moral do Espírito despojado do corpo! Com que ligeireza o Espírito do bem, rodeado de clara luz, efetua a sua ascensão! A ciência e o poder de comunicar com os outros são seu patrimônio! Que luz emite de si! Que vida se irradia de todo o seu ser!

As mais límpidas claridades aparecem de todos os lados, a fim de satisfazerem suas necessidades mais puras e elevadas! Legiões numerosas de bons Espíritos o recebem em seu seio. Vozes harmoniosas, radiantes de amor e de alegria lhe dizem: "Espírito de nosso Espírito, coração de nosso coração, amor saído da fonte de todo o amor, alma do bem, tu nos pertences e nós somos teus! Cada um de nós te pertence, e tu pertences a cada um de nós. Deus é amor e está conosco. Somos cheios da divindade e o amor encontra sua felicidade na felicidade de todos".

Desejo ardentemente, venerada senhora, que vós e vosso nobre e generoso esposo, o imperador, tão inclinados um e outro ao bem, possais, do mesmo modo que eu, nunca ser estranhos ao amor que é Deus e homem ao mesmo tempo, e que seja concedido nos purificarmos por nossas obras, nossas orações e nossos sofrimentos, acercando-nos mais e mais daquele que se deixou elevar na cruz do Gólgota.

JOÃO GASPAR LAVÁTER
Zurique, 18 de agosto de 1798.

(Brevemente recebereis minha terceira carta.)

Terceira
Carta

Veneranda senhora.

Despojado do corpo, cada Espírito será afetado pelo mundo exterior de um modo correspondente ao seu estado de adiantamento, isto é, tudo lhe aparecerá tal qual ele é em si mesmo.

Tudo parecerá bom à alma boa, o mal só existirá para as almas perversas. Os bons Espíritos se acercarão das almas bondosas, os maus atrairão a si as naturezas ruins. Cada alma se refletirá nas que se lhe assemelham.

O bom Espírito torna-se melhor e será recebido no círculo dos seres que lhe são superiores. O santo far-se-á mais santo, pela simples contemplação de Espíritos mais puros e santos do que ele. O Espírito amante aumentará ainda em amor.

Do mesmo modo, o perverso far-se-á ainda pior,[13] pelo simples contato de outros seres inclinados ao mal. Se, mesmo na Terra, nada há mais contagioso do que a virtude e o vício, que o amor e o ódio, da mesma forma, Além-túmulo, toda perfeição moral ou religiosa e todo sentimento imoral ou irreligioso devem, necessariamente, fazer-se mais e mais atraentes.

---

[13] N. T.: O Espírito não se torna melhor pelo fato de haver deixado a Terra. No estado espiritual, ele pode perseguir-nos com seu ódio e assim constituir-se em um inimigo invisível. Saibamos sempre discernir todas as influências espirituais, a fim de colhermos as que forem boas e repelirmos as que forem más.

Vós, virtuosa senhora, sereis toda amor no círculo das almas benévolas. Quanto a mim, o que me sobrar de egoísmo, de amor-próprio, de falta de energia para tornar conhecido o reino e os desígnios de Deus será abafado pelo sentimento do amor, se este em mim predominar, e assim me purificarei cada vez mais pela presença e contato de Espíritos puros e amorosos.

Purificando-nos pelo instinto do amor, que desde a vida terrena vai exercendo sua ação, purificando-nos ainda mais pelo contato e pela irradiação de Espíritos puros e elevados, nos prepararemos gradualmente para suportar a vista direta do perfeito *amor*, que não nos deslumbrará então, nem impedirá de o gozarmos em toda a sua plenitude. Mas como poderia um simples mortal fazer uma ideia da contemplação desse amor personificado? E tu, caridade inesgotável! como poderias aproximar-te de quem bebe em ti o amor, sem que por esse fato ficássemos aniquilados ou deslumbrados?

Creio que, a princípio, o amor se manifestará invisivelmente ou sob uma forma desconhecida.

Não é assim que tem sempre sucedido? Quem mais invisivelmente amou do que Jesus? Quem melhor do que ele sabia representar a individualidade incompreensível do desconhecido? Quem poderia saber tomar formas mais apropriadas? E ele podia fazer-se conhecer melhor do que ninguém, ou mesmo mais do que nenhum outro Espírito imortal!

Ele, o adorado de todos os céus, veio sob a forma de modesto trabalhador e conservou-se, até a morte, na individualidade de um nazareno. Logo após a ressurreição, Jesus se revelou, primeiramente, sob uma forma desconhecida e só depois de algum tempo é que se mostrou de um modo mais evidente. Creio que ele conservará sempre esse modo de ação, tão análogo à sua natureza, à sua sabedoria, ao seu amor. Foi assim que o Cristo fez sua aparição a Maria Madalena, sob a forma de um jardineiro, no momento em que ela o buscava e desesperava de o encontrar. A princípio, ela só vê o jardineiro, para reconhecer depois, sob essa forma, o amoroso Jesus. Foi assim que ele se apresentou também a dois de seus discípulos que caminhavam a seu lado e se sentiam influenciados por ele. Muito tempo caminharam juntos, sentindo os corações se lhes abrasarem em doce chama, o que denunciava a presença de um ser puro e elevado. Só o reconheceram no momento de partir o pão e quando, na mesma noite, tornaram a vê-lo em Jerusalém.[14] O mesmo aconteceu nas margens do lago Tiberíade, quando, irradiando em sua deslumbrante glória, apareceu a Paulo. Como são sublimes e comoventes todas as ações do Senhor, todas as suas palavras e todas as suas revelações!

Tudo segue marcha incessante que, impelindo todas as coisas para diante, faz que nos aproximemos de um objetivo que, aliás, não é o final. Cristo é o herói, é o centro, a principal personagem, tão depressa visível nesse drama imenso de Deus, admiravelmente simples e complicado ao mesmo tempo, que não terá jamais fim, embora pareça mil vezes terminado. Ele parece desconhecido na existência de cada um dos seus adoradores.

Mas como poderia esse manancial de amor recusar aparecer ao ente que o ama justamente na ocasião em que mais necessidades tem dele? Tu, ó Cristo! és mais humano que os homens! Tu aparecerás aos homens pelo modo mais caridoso! Oh! sim, tu aparecerás à alma bondosa a quem escrevo e também te manifestarás a mim e te tornarás conhecido. Ver-te-emos uma infinidade de vezes, sempre diferente e sempre o mesmo, e, à medida que nossa alma melhorar, te veremos sempre mais formoso, porém nunca pela última vez.

Elevemos os nossos pensamentos com essa ideia consoladora que procurarei, com o auxílio de Deus, esclarecer mais amplamente em minha próxima carta e torná-la compreensível por meio da comunicação de um defunto.

João Gaspar Laváter
Zurique, 10 de setembro de 1798.

---

[14] N. T.: O Espiritismo permite hoje classificar esses fenômenos de aparição e de tangibilidade entre os fatos de ordem natural. As condições do meio e de aptidão bastam para produzir esses fenômenos. Lede a obra *A gênese* (capítulo sobre fluidos).

Quarta Carta

Em minha última mensagem, venerável senhora, prometi enviar-vos a carta que um defunto escreveu a um amigo, habitante da Terra, e essa carta, melhor do que eu, poderá agora esclarecer as minhas ideias sobre o estado de um cristão depois da morte do corpo. Tomo, portanto, a liberdade de vo-la enviar.

Julgai-a sob o ponto de vista que vos indiquei e tende a bondade de fixar vossa atenção mais sobre o seu assunto principal do que sobre as minúcias particulares, embora tenha eu poderosas razões para supor que essas minúcias encerram verdades.

Para melhor inteligência das matérias que me proponho expor, julgo ser necessário fazer-vos notar que tenho quase a certeza de que, apesar da existência de uma lei geral, eterna e imutável, de castigo e felicidade, cada Espírito, segundo seu caráter, não só moral e religioso, mas também pessoal e oficial, terá de sofrer penas depois da morte do corpo, ou gozará de felicidades apropriadas às suas qualidades.

A lei geral se individualizará para cada um em particular, isto é, produzirá em cada ser um efeito diferente e pessoal, assim como a luz que, atravessando um vidro de cor, côncavo ou convexo, se espalha em diversos raios com a cor e a direção desse vidro.

Eu desejaria ver aceito como princípio isto: embora todos os Espíritos, felizes ou não, estejam sob a ação da lei das afinidades, é, contudo, presumível que o seu caráter substancial, pessoal ou individual, lhes dê um gozo ou sofrimento essencialmente diversos de um para outro Espírito.

Cada qual sofre de um modo especial, diferente do sofrimento dos outros, ou experimenta gozos que nenhum outro pode sentir.[15]

Essa ideia, que julgo verdadeira, serve de fundamento às seguintes comunicações, dadas por Espíritos desencarnados a seus amigos da Terra.

Folgaria que compreendêsseis, senhora, como cada homem, pela formação do seu caráter pessoal e pelo aperfeiçoamento da sua individualidade, pode preparar-se para gozos especiais e para uma felicidade particularmente sua.

Como essa felicidade, apropriada a cada indivíduo, é a que todos os homens procuram ou olvidam, embora todos tenham a possibilidade de a alcançar e gozar, tomo a liberdade, veneranda senhora, de vos rogar com insistência que vos digneis analisar atentamente essa ideia, pois certamente não a julgareis inútil à vossa edificação e elevação para Deus.

Deus se colocou e igualmente dispôs o universo no coração de cada ser humano.

Todo homem é um espelho particular do universo e do seu Criador. Empreguemos, pois, todo o nosso esforço em conservar esse espelho tão puro quanto possível, para que Deus possa ver-se refletido na sua bela criação.

João Gaspar Laváter
Zurique, 14 de setembro de 1798.

---

[15] N. T.: A ansiedade que às vezes se experimenta nos sonhos pode dar uma ideia da natureza dos sofrimentos ou das alegrias que nos esperam depois da morte, definidos claramente na obra *O céu e o inferno*.

Carta de um defunto a seu amigo, habitante da Terra, sobre o estado dos Espíritos desencarnados

Foi afinal permitido, querido amigo, satisfazer, ainda que só em parte, o desejo que eu tinha e também partilhavas de comunicar-te alguma coisa sobre o meu estado atual.

Desta vez só poderei dar-te alguns pormenores, e, depois, tudo dependerá do uso que fizeres de minhas comunicações.

Sei que muito grande é o desejo que nutres de saber notícias minhas e, em geral, do estado dos Espíritos desencarnados, mas não é menor a minha vontade de dar-te a conhecer tudo quanto for possível nesse sentido.[16]

O poder de amar, compatível ao ser humano no mundo material, avoluma-se de um modo extraordinário quando ele passa a viver no mundo espiritual. Com o amor, aumenta-se proporcionalmente o desejo de transmitir, às pessoas que conheceu na Terra, tudo o que lhe é permitido.

Começo por explicar, meu bem-amado, qual o meio por que me é dado escrever-te sem tocar o papel, sem conduzir a pena, ou mesmo, como posso falar-te numa língua que aí não compreendia.[17]

Basta isso para fazeres uma ideia aproximada do nosso estado presente.

Imagina que o meu estado atual, em relação àquele que tinha na Terra, é pouco mais ou menos como o da borboleta que, depois de abandonar o casulo da lagarta, fica voejando nos ares. Sou, portanto, essa lagarta transformada, emancipada, depois de passar por duas fases. E, assim, voamos algumas vezes, porém nem sempre, ao derredor das cabeças dos homens.

---

[16] N. T.: Dotados de órgãos mais livres que os nossos, os Espíritos percebem as coisas de um modo diferente daquele que conheciam quando encarnados, mas eles podem revelar-nos somente o que for compatível com nosso progresso e nossos esforços.

[17] N. T.: O ensino de O livro dos espíritos confirma essa definição, e, portanto, Laváter pode ser considerado um dos precursores da doutrina.

Uma luz invisível aos mortais, conquanto visível a alguns, brilha e irradia-se docemente do cérebro de todo homem bom, amante e religioso. A auréola que imaginaste para os santos é essencialmente verdadeira e racional. Essa luz torna feliz todo ser humano que a possuir, pois ela se combina com a nossa em laços de simpatia e segundo o grau de claridade que lhe for correspondente.

Nenhum Espírito impuro pode ou ousa aproximar-se dessa luz santa. Por meio dela, podem-se perscrutar facilmente as almas, a fim de serem lidas ou vistas em toda a sua realidade. Assim, cada pensamento que parte dos seres humanos é para nós uma palavra e às vezes um completo discurso.

Respondemos aos seus pensamentos, porém eles ignoram que somos nós que estamos falando. Sopramos ideias que, sem o nosso concurso, eles não poderiam conceber, embora lhes fossem inatas a disposição e a aptidão para recebê-las.

O homem digno de receber a luz torna-se desse modo um instrumento útil para o Espírito simpático que a deseja comunicar.

Encontrei um Espírito, ou antes, um homem acessível à luz, do qual me pude aproximar, e é por seu órgão que me dirijo a ti.[18] Sem sua mediação, impossível seria entender-me contigo verbalmente, palpavelmente, ou mesmo por escrito. Recebes por esse modo uma carta anônima da parte de um homem que não conheces, porém que alimenta em si grande tendência para as coisas ocultas e espirituais. Pouso sobre a fronte dele, da mesma forma que o mais divino de todos os Espíritos pousou sobre a fronte do mais divino de todos os homens, no ato do seu batismo; suscito ideias e ele as descreve sob a minha inspiração, sob a minha direção, por efeito de minha irradiação.[19] Por ligeiros toques, faço vibrar as cordas de sua alma, de um modo conforme com a sua individualidade e com a minha. As minhas ideias tornam-se suas, e, assim, ele se considera ditoso em escrever o que eu desejo, sente-se mais livre, mais animado, mais rico de ideias, julga viver e pairar num elemento mais alegre e claro, anda como um amigo pela mão de outro amigo, e desse modo é que te foi dado receber uma carta

---

[18] N. T.: Consiste nisso a mediunidade, conforme está perfeitamente explicado em *O livro dos médiuns*.
[19] N. T.: A ideia suscitada por um bom Espírito não pode ser má, porém é mais fácil em nosso mundo que as inspirações venham de Espíritos inferiores, por isso convém saber discernir o bem e o mal. O fim do Espiritismo é contribuir para o nosso aperfeiçoamento, e convém que não façamos dele um mau uso para não nos tornarmos vítimas dos Espíritos inferiores. Lede *O livro dos médiuns*.

minha. Quem a escreve se considera livre e realmente o é, pois nenhuma violência sofre, são como dois amigos que, de braço dado, se assistem reciprocamente.

Deves sentir que meu espírito se encontra em relação direta com o teu, concebes o que te digo e compreendes os meus mais íntimos pensamentos.

Basta por esta vez.

O dia em que inspirei esta carta se chama, entre vós, 15 de setembro de 1798.

Quinta
Carta

Muito veneranda senhora.

Temos nova carta chegada do mundo invisível. Para o futuro, se Deus o permitir, as comunicações serão mais frequentes.

Esta carta contém uma pequeníssima parte daquilo que se pode dizer a um mortal sobre a aparição e visão do Senhor, que se apresenta simultaneamente e sob milhões de formas a miríades de seres que povoam os mundos, multiplicando-se infinitamente ante suas inumeráveis criaturas, ou individualizando-se oportunamente ante cada uma delas em particular.

A vós, senhora, ao vosso Espírito de luz, ele se mostrará um dia, como se apresentou a Maria Madalena no jardim do sepulcro.

De sua boca divina ouvireis chamar por vosso nome: "Maria!".

"Rabi!" — respondereis imediatamente, penetrada do mesmo sentimento de suprema felicidade, qual o teve Madalena, e então, cheia de admiração, como o apóstolo Tomé, dir-lhe-eis: "Meu Senhor e meu Deus!"

Apressemo-nos a atravessar a noite das trevas para chegarmos à luz, passemos por esses desertos para entrarmos na terra prometida, suportemos as dores desta existência para aparecermos na verdadeira vida.

Que Deus seja com o vosso Espírito.

JOÃO GASPAR LAVÁTER
Zurique, 13 de novembro de 1798.

Carta de um Espírito bem-aventurado a seu amigo, da Terra, sobre a primeira visão do Senhor

Querido amigo.

Das mil coisas a respeito das quais desejara falar-te, apenas me ocuparei por esta vez de uma única, que te interessará mais do que todas as outras.

Para isso, foi mister licença especial, pois os Espíritos nada podem fazer sem permissão.[20]

Vivem exclusivamente na vontade do Pai celestial, que transmite suas ordens a milhões de seres como se fossem um só e responde instantaneamente a uma infinidade de matérias aos milhões inumeráveis de criaturas que se dirigem a Ele.

Como te farei compreender o modo como cheguei a ver o Senhor?

Oh! foi muito diferente daqueles que vós, os mortais, podeis imaginar.

Depois de muitas aparições, instruções, explicações e gozos, que me foram concedidos por graça do Senhor, atravessei uma região bem-aventurada ou éden em companhia de outros Espíritos que já se haviam elevado pouco mais ou menos ao mesmo grau de perfeição que eu.

Ao lado uns dos outros, em doce e agradável harmonia, formando como que uma leve nuvenzinha, gozávamos o mesmo sentimento de atração, a mesma propensão para um alvo elevadíssimo e passeávamos por aquele sítio encantador. Ligávamo-nos cada vez mais uns aos outros e, à medida que nos adiantávamos, nos sentíamos mais íntimos, mais livres, mais alegres, mais aptos para gozar e dizíamos: "Oh! como é bom e misericordioso Aquele que nos criou! Aleluia ao Criador! O Amor é que nos criou! Aleluia ao Amor!"

---

[20] N. T.: Por toda parte e em todos os degraus da escala da Criação, há somente uma vontade diretriz. O mundo dos Espíritos, sociedade muito semelhante à nossa em certos pontos, está submetido a leis que não permitem a ninguém desviar-se do plano da harmonia geral. Lede *O livro dos espíritos*.

Animados por tais sentimentos, seguimos nosso voo e paramos ao pé de uma fonte. Ali, sentimos que alguém anunciava a sua presença como que pelo roçar de uma leve brisa: era um ser angélico e nele havia alguma coisa imponente que atraiu nossa atenção. Uma luz deslumbrante, até certo ponto semelhante à dos Espíritos bem-aventurados, nos inundou. Este é também dos nossos, pensamos simultaneamente e como por intuição. Então desapareceu a luz e no mesmo instante nos pareceu que estávamos privados de alguma coisa.

— Que ser tão belo — dissemos —, que donaire majestoso e, ao mesmo tempo, que graça tão infantil! Que doçura e que majestade!

Enquanto assim falávamos, uma forma graciosa, emergindo de deliciosa ramagem, apareceu-nos de repente e dirigiu-nos afetuosa saudação.

Nenhuma semelhança havia entre a precedente aparição e o recém-vindo, pois este tinha alguma coisa de superiormente elevado e, ao mesmo tempo, inexplicável.

— Sede bem-vindos, irmãos! — disse ele, e então respondemos:

— Bem-vindo sejas tu, bendito do Senhor! O Céu se reflete em tua face e dos teus olhos se irradia o amor de Deus.

— Quem sois? — perguntou o desconhecido.

— Somos alegres adoradores do Amor todo-poderoso — respondemos.

— Quem é o Amor todo-poderoso? — redarguiu ele com sua inimitável graça.

— Não conheces então o Amor todo-poderoso? — repliquei-lhe eu por todos.

— Conheço-o, em verdade — disse o desconhecido com voz cada vez mais melíflua.

— Ah! se dignos fôssemos de vê-lo, de ouvir sua voz! Mas não nos consideramos bastante purificados para contemplar diretamente a mais santa pureza!

A estas palavras, ouvimos atrás de nós soar uma voz que nos disse: "Estais purificados e lavados de toda a mácula. Estais declarados justos por Jesus Cristo e pelo espírito de Deus vivo!". Uma felicidade inexplicável se apossou de nós e no mesmo instante desejamos volver para o sítio donde vinha aquela voz, a fim de adorarmos de joelhos o nosso invisível interlocutor.

Que sucedeu! Cada um de nós ouviu instantaneamente um nome que nunca ouvíramos pronunciar, e cada um compreendeu e reconheceu que era seu nome que fora designado pela voz do desconhecido.

Espontaneamente, com a velocidade do raio, todos, como um só, nos voltamos para o adorável interlocutor, e, então, ele assim nos falou com indizível graça: "Encontrastes o que procuráveis. Quem me vê, vê o Amor todo-poderoso. Conheço os meus e os meus me conhecem. Dou às minhas ovelhas a vida eterna e elas não perecerão na eternidade. Ninguém poderá arrancá-las das minhas mãos e das mãos de meu Pai, pois Ele e eu somos um".

Como explicar-te, por palavras, a doce, suprema felicidade de que nos sentimos possuídos quando Ele, que a cada momento se fazia mais luminoso, mais gracioso e mais sublime, estendeu-nos seus braços e pronunciou estas palavras, que soarão eternamente para nós, sem que haja poder algum capaz de apagá-las de nossos ouvidos e de nossos corações: "Vinde, eleitos de meu Pai, tomai posse do reino que vos foi designado desde o princípio dos séculos".

Depois, abraçou-nos simultaneamente e desapareceu.

Ficamos silenciosos e sentimo-nos estreitamente unidos por toda a eternidade, fundimo-nos suavemente na verdadeira felicidade. O Ser infinito veio unificar-se conosco e, ao mesmo tempo, tornou-se nosso todo, nosso céu, nossa vida em sua mais real expressão. Mil novas vidas pareciam animar-nos. Nossa existência anterior desvaneceu-se, estávamos como que nascendo para uma vida nova, prelibando a imortalidade, isto é, havia em nós uma superabundância de vida e de forças que traziam consigo o selo da imortalidade. Por fim, recobramos a voz. Ah! se eu pudesse comunicar-te, mesmo que fosse somente diminuta parte da nossa entusiástica adoração!

Deus existe! Nós existimos! Por si, só Ele é tudo! Seu ser é vida e amor! O que vê, vive e ama é inundado dos eflúvios da imortalidade e do amor que são emitidos de sua divina face.

Vimos-te, ó todo-poderoso Amor! Tu te manifestaste aos nossos olhos sob a forma humana, Tu, Deus dos deuses, e, entretanto, não foste homem nem Deus, Tu Homem-Deus! Só te revelaste como Amor e te mostraste todo-poderoso somente como Amor! Tu nos sustentas por tua onipotência para impedir que a força de teu amor, embora suavizado, nos absorva!

És Tu a quem glorificam os céus, Tu, oceano de bem-aventurança e onipotência, Tu, que encarnado entre os homens vieste regenerá-los e que, derramando teu sangue, suspenso da cruz, te revelaste humano?

Oh! sim, és Tu! glória de todos os seres! Ser diante de quem se inclinam todas as naturezas que desaparecem à tua vista para serem chamadas a viver em ti!

Da tua irradiação desperta-se a vida em todos os mundos, do teu peito desprende-se o Amor!

Tudo isso, querido amigo, é apenas uma pequeníssima migalha, caída da farta messe das inefáveis felicidades com que me alimentei então.

Aproveita essas minhas comunicações e bem depressa outras te serão dadas. Ama e serás amado, pois só o amor pode fazer a felicidade.

Oh! querido amigo, é pelo amor somente que me posso aproximar de ti, comunicar contigo e mais depressa conduzir-te ao manancial da vida.

Deus e o Céu vivem no Amor, como vivem na face e no coração de Jesus Cristo.

Segundo a vossa cronologia terrestre, escrevo esta a 13 de novembro de 1798.

MAKARIOSENAGAPE[21]

---

[21] N. T.: Esse Espírito quis provavelmente descrever as sensações que teve no momento da sua passagem a um grau superior.

Sexta
Carta

Venerável senhora.
Mais uma carta acaba de chegar do mundo invisível.
Oxalá possa esta, como as precedentes, produzir em vossa alma salutar efeito.
Aspiremos, sem cessar, a uma íntima comunicação com o amor mais puro que se tem manifestado ao homem e está glorificado em Jesus, o nazareno.
Nossa felicidade futura está em nossas mãos, desde que nos é concedida a graça de compreender que só o amor nos pode dar a suprema ventura e que somente a fé no amor divino faz nascer em nossos corações o sentimento que nos torna felizes eternamente: fé que desenvolve, purifica e completa a nossa aptidão para amar.
Muitas teses me faltam desenvolver. Procurarei, pois, acelerar a que já comecei a expor-vos e considerar-me-ei ditoso se puder ocupar agradável e utilmente alguns momentos da vossa preciosa existência.

João Gaspar Laváter
Zurique, 16 de dezembro de 1798.

Carta de um defunto a seu amigo sobre as relações que existem entre Espíritos e os seres que foram por eles amados na Terra

Meu querido,

Estimulado por nobre curiosidade de saber, vi mil coisas que muito folgaria de fazer-te conhecidas, entretanto, apenas posso falar-te de uma, porque mais do que isso não depende de mim, absolutamente.

Minha vontade, já te disse, depende daquele que é a suprema sabedoria. Minhas relações contigo têm por único fundamento o amor.

A divina sabedoria e o amor dos homens, enchendo-nos, a mim e a meus mil vezes associados, duma felicidade que continuamente se torna mais elevada e mais extasiante, nos faz assim entrar em relações convosco, relações agradáveis para nós, conquanto nem sempre bastante puras e santas.

Não sei como fazer-te compreender esta grande verdade, que provavelmente te causará estranheza, apesar da sua evidência, pois a nossa própria felicidade depende, algumas vezes, relativamente, compreende-se, do estado daqueles que deixamos na Terra e com as quais entramos em relações diretas.

Seus sentimentos religiosos nos atraem, sua impiedade nos afasta. Regozijamo-nos em suas puras e nobres alegrias, isto é, em suas alegrias espirituais e desinteressadas. Seu amor contribui para a nossa felicidade, assim como também sentimos, senão pesar, ao menos uma diminuição de gozo se eles se deixam degradar por sua sensualidade, seu egoísmo, suas paixões animais ou pela incerteza dos seus desejos.

Atente bem, meu amigo, ao que quero dizer com a palavra degradar. Todo pensamento elevado faz brotar do homem amoroso um raio de luz, que não é visto nem compreendido senão por naturezas iguais. Cada espécie de amor tem um raio de luz que lhe é peculiar.

Esse raio forma a auréola dos santos e os torna mais resplandecentes e agradáveis à vista. Dessa qualidade e dessa amenidade depende o grau da nossa própria felicidade e da ventura que sentimos em existir. Com o desaparecimento do amor, desvanece-se a luz e, com ela, todo o elemento de ventura.

Quem se torna estranho ao amor degrada-se no sentido mais positivo e literal da palavra, torna-se mais material e, por conseguinte, mais inferior, mais terrestre, e as trevas da noite o cobrem com seu véu. A vida, ou, o que é o mesmo para nós, o amor, produz a luz, a pureza luminosa, a identidade e a magnificência de cada ser. Somente essas qualidades tornam possíveis as nossas relações íntimas com o homem. Como só a luz é que pode atrair a luz, a sua falta nas almas degradadas nos impossibilita de atuar sobre elas. A vida de cada mortal, a sua verdadeira vida, está na razão direta do seu amor. Da luz nos homens nasce a nossa comunhão com eles, e vice-versa.

Nosso elemento é a luz,[22] cujo segredo nenhum mortal conhece. Atraímos e somos atraídos por ela.

Esse vestuário, esse órgão, esse veículo, esse instrumento em que reside a força primitiva produtora de tudo, a luz, em uma palavra, constitui para nós o laço característico de todas as naturezas. Despendemos luz na medida do nosso amor. Conhecemo-nos pelo grau da sua claridade e somos atraídos por todas as naturezas amorosas e irradiantes como nós.

Por efeito de um movimento imperceptível, dando certa direção à nossa luz, podemos fazer nascer ideias mais humanas nas naturezas que nos são simpáticas, suscitar ações e sentimentos mais nobres e elevados; não podemos, porém, forçar e dominar alguém, ou, mesmo, fazer imposições aos homens, cuja vontade é em tudo independente da nossa.

Para nós, o livre-arbítrio dos homens é sagrado.[23]

É absolutamente impossível comunicarmos a nossa luz pura a um homem baldo de sensibilidade, pois este não dispõe de sentido ou órgão apto para recebê-la.

---

[22] N. T.: Ainda não se conhece bastante esse fluido luminoso, misteriosa propriedade do perispírito.
[23] N. T.: Disso resulta a responsabilidade que temos dos nossos atos, seja qual for a influência a que obedeçamos.

Do grau de sensibilidade de que se dispõe depende — oh! permiti repeti-lo em cada uma das minhas cartas — a aptidão para receber a luz, a simpatia por todas as naturezas luminosas e pelo seu protótipo original.

Os seres que tiverem ausência de luz não podem abeirar-se do manancial da luz, ao passo que milhares de naturezas luminosas podem ser atraídas por uma única natureza que lhes seja semelhante. O homem Jesus, resplandecente de luz e de amor, era o ponto luminoso que incessantemente atraía legiões de anjos.

As naturezas degradadas, egoístas, atraem Espíritos degradados, grosseiros, privados de luz e malévolos, que mais e mais as envenenam, enquanto que as almas bondosas se fazem cada vez mais puras e mais amantes pelo contato dos bons Espíritos. Jacó, dormindo, cheio de piedosos sentimentos, vê aproximarem-se-lhe legiões de anjos do Senhor, ao passo que Judas Iscariotes dá ao chefe dos Espíritos impuros o direito e, direi mesmo, o poder de penetrar na baixa atmosfera da sua alma traidora.

Os Espíritos do bem abundam onde se acham almas amorosas, e os Espíritos das trevas pululam onde há grupos de almas impuras.

Ó, meu bem-amado, medita sobre o que acabo de dizer-te. Encontrarás a confirmação disso nos livros sagrados que encerram verdades até hoje desconhecidas e numerosas instruções da mais alta importância sobre as relações que existem entre os mortos e os vivos, entre o mundo material e o espiritual.[24]

Somente de ti depende o colocares-te sob a influência dos Espíritos bons ou afastá-los para longe. Podes conservá-los ao pé de ti ou forçá-los a abandonar-te. De ti depende, pois, fazeres-me mais ou menos ditoso. Deves agora compreender que todo Espírito bom é mais ditoso quando encontra outro tão bom, pelo menos, como ele, pois todo ser feliz e puro é menos ditoso quando reconhece diminuição ou indiferença no amor daquele a quem ama. O amor abre o coração ao amor, e a ausência desse sentimento torna mais difícil, e às vezes impossível, o acesso de toda comunicação íntima. Se desejas, portanto, fazer que eu goze mais felicidade, torna-te cada dia melhor.

---

[24] N. T.: A crença nos Espíritos vem desde a mais remota Antiguidade. As divindades pagãs, a quem os antigos elevavam templos, não eram mais do que Espíritos encarregados de espalhar a luz pelo mundo.

Desse modo, conseguirás fazer-te mais simpático e agradável a todos os Espíritos radiantes e imortais. Eles correrão ao teu encontro, sua luz unir-se-á à tua e a tua à deles, sua presença te tornará mais puro, radiante e vivaz, e, o que te parecerá mais difícil de crer, mas nem por isso deixa de ser positivo, eles próprios, por efeito da tua luz, da luz que irradia de ti, se tornarão mais luminosos, mais vivazes, mais ditosos da existência e mais amorosos por efeito do teu amor.

Existem, querido amigo, relações imperecíveis entre os mundos visível e invisível, uma comunhão constante entre os habitantes da Terra e os habitantes do Céu, uma ação recíproca e benéfica de cada um desses mundos sobre o outro.

Meditando e analisando com atenção esses ensinos, reconhecerás, cada vez mais, sua exatidão, sua utilidade e seu benefício.

Não olvides, meu irmão, que o vosso mundo é visível para nós e que o nosso é invisível para vós. Não olvides que, em nosso mundo, os Espíritos bons verão com alegria a tua fé no amor puro e desinteressado. Estamos juntos de vós quando nos supondes muito longe. Jamais se acha sozinho o homem de bem. A luz do amor penetra todos os mundos e vai até as trevas do mundo material, porém os Espíritos bons e luminosos se acham sempre nas proximidades do amor e da luz. São muito verdadeiras estas palavras de Jesus Cristo: "Onde estiverem dois ou três reunidos em meu nome, aí serei com eles".

Também é indubitavelmente verdade que afligimos, por nosso egoísmo, o espírito de Deus, e que, por nosso sincero amor, lhe damos satisfação, como se depreende do profundo sentido destas palavras: "O que ligares na Terra será ligado no Céu, e o que desligares na Terra será desligado no Céu".

Desligais por egoísmo e ligais por caridade, isto é, pelo amor. Coisa alguma é tão compreendida no Céu como o amor dos que se amam na Terra, pois o que atrai os Espíritos bem-aventurados é o amor dos seus irmãos encarnados.

Vós outros, chamados mortais, podeis, pelo amor, fazer o Céu descer à Terra, podeis entrar conosco, os bem-aventurados, numa comunhão infinitamente mais íntima do que sereis capazes de imaginar, desde que vossas almas se abram à nossa influência.

Estou frequentemente contigo, meu amigo, e tenho muito prazer em achar-me na tua esfera de luz. Consente, pois, que eu diga ainda algumas palavras íntimas.

Quando te enfadas, no momento em que, dominado de tal sentimento, pensas nos que amas e nos que sofrem, a luz que se irradia de ti se obscurece e, então, sou forçado a afastar-me.[25] Nenhum Espírito bom pode suportar as trevas da cólera. Ainda há pouco tive de abandonar-te por esse motivo.

Perdi-te, por assim dizer, da minha vista e dirigi-me a outro amigo, para quem me atraiu a luz do amor. Orava este a Deus, derramando lágrimas por uma família que acabava de cair na miséria e à qual não podia levar socorro algum. Oh! quão luminoso ele me pareceu então! Parecia inundado de claridade deslumbrante.

Nosso Senhor aproximou-se-lhe e um raio do seu espírito caiu sobre ele.

Que ventura para mim poder banhar-me nessa auréola e, embebido nessa luz, inspirar-lhe a esperança de próximo socorro!

Sob essa impressão, pude insinuar uma voz no fundo da sua alma que dizia assim: "Nada temas! Crê! Gozarás o prazer de aliviar a desgraça daqueles por quem acabas de rogar a Deus".

Levantou-se contente e, no mesmo instante, senti-me atraído para outro ser bondoso que igualmente orava.

Este era a alma de uma virgem que fazia por este modo a sua prece: "Senhor, mostra-me o meio de fazer o bem, segundo tua vontade".

Descobri o meio de inspirar-lhe a seguinte ideia: "Não faria eu o bem, enviando a esse homem caritativo, que conheço, algum dinheiro para ele empregar, hoje mesmo, em proveito de alguma família pobre?".

Fixou-se nessa ideia com infantil alegria, acolheu-a como recebida de algum anjo do Céu.

Essa alma piedosa e caritativa tomou uma boa quantia e enviou-a com uma cartinha afetuosa àquele que eu havia antes

---

[25] N. T.: É bem exato o que diz esse Espírito. Os fluidos que desprendemos no momento da ira afastam os bons Espíritos e atraem os maus. Os efeitos dos fluidos perispirituais também podem ser observados na simpatia ou antipatia que, instintivamente, às vezes, experimentamos uns pelos outros.

encontrado orando, o que fez que este derramasse lágrimas de contentamento e de profundo reconhecimento para com Deus. Saiu imediatamente e eu o segui, haurindo indefinível felicidade em sua luz. Chegou à porta da desolada família e ouviu a esposa dizer ao piedoso marido: "Terá Deus piedade de nós? Sim, minha amiga, Deus terá piedade de nós, como nós temos tido dos outros!".

A essas palavras, o que levava o socorro abriu a porta e, sufocado pela comoção, pôde apenas pronunciar esta frase: "Sim, Ele terá piedade de vós, como vós tendes tido dos outros".

Eis aí uma prova da misericórdia de Deus. O Senhor vê os justos e ouve suas súplicas.

Com que viva luz brilharam então essas pessoas, quando, lida a cartinha, todas levantaram os olhos e os braços para o Céu!

Legiões e legiões de Espíritos corriam apressadamente de toda parte. Oh! como nos alegramos! como nos abraçamos! como nos fizemos mais perfeitos e melhores!

Tu te acalmaste depois e, então, pude volver a ti. Acabavas de praticar três ações que me davam o direito de aproximar-me de ti e de alegrar-me contigo. Derramaste lágrimas de vergonha, estavas arrependido da tua ira, tinhas refletido e procurado em ti mesmo os meios de dominar-te, pediste sinceramente perdão a quem, em teu arrebatamento, havias ofendido e procuravas os meios de indenizá-la do mal que fizeste. Essa preocupação restituiu a calma ao teu coração, a alegria aos teus olhos, a luz ao teu corpo.

Por esses exemplos, podes julgar se estamos bem instruídos do que fazem os nossos amigos da Terra enquanto nos interessamos pelo seu adiantamento moral. Deves também compreender a solidariedade que existe entre o mundo visível e o invisível e até que ponto depende de vós promover as nossas alegrias ou aflições.

Ah! meu amigo, se pudesses compenetrar-te bem dessa verdade, se reconhecesses que o amor puro e nobre encontra em si mesmo a sua recompensa, que o melhor prazer e mais santo é o gozo de Deus, é o produto do sentimento depurado, então te esforçarias em purificar-te de tudo o que é egoísmo.

Doravante não te escreverei sem tocar nesse ponto. Nada tem mérito sem o amor. Só o amor tem uma vista clara, reta, penetrante, para discernir o que merece ser estudado e o que é eminentemente verdadeiro, divino, imperecível.

Em cada ser mortal ou imortal, animado de um amor puro, vemos com inexplicável alegria refletir-se o mesmo Deus, assim como vemos brilhar o Sol em cada gota d'água pura.

Todos os que amam, na Terra e no Céu, se fundem num só pelo sentimento. Do grau do amor em cada um depende a nossa felicidade interna e externa. Teu amor é, pois, o que regula tuas relações com os Espíritos, tua comunhão com eles, a influência que podem exercer sobre ti e a sua ligação íntima com o teu Espírito.

No momento em que te escrevo, um sentimento de previsão, que nunca me engana, me dá a conhecer que no futuro te encontrarás em excelente posição moral, pois meditas uma obra de caridade.

Cada uma de vossas ações e de vossos pensamentos leva consigo um sinal particular, compreendido e apreciado instantaneamente por todos os Espíritos desencarnados.

Que Deus te ajude!

Escrevo esta a 16 de dezembro de 1798.

* * *

Essas seis cartas estão reconhecidas como autênticas e são as únicas que foram encontradas sobre esse assunto. Pode-se dizer que nelas está estampada a Doutrina Espírita, embora de um modo muito resumido. É bem possível que Laváter houvesse escrito muitas outras cartas sobre a vida futura, porém, se existem, ainda são desconhecidas ou não vieram à publicidade.

Que o investigador sincero encontre aqui bons elementos para fazer um estudo mais profundo nas obras em que Allan Kardec coordenou os princípios básicos de tão salutar, consoladora e verdadeira doutrina, tal é o nosso desejo.

A reencarnação
e a Igreja Católica

A reencarnação e a Igreja Católica

(Considerações de Léon Denis)

I

Na revista católica *L'Idéal*, o cônego Coubé consagra três longos artigos a combater o que ele chama "a reencarnação ou a metempsicose".

Notemos, primeiramente, a intenção que se revela no fato de reunir e confundir duas ideias diferentes, a fim de conseguir para a primeira o descrédito em que haja caído a outra.

Os antigos entendiam por metempsicose a volta da alma aos corpos dos animais. É exato que alguns escritores e filósofos aplicam esse termo à passagem da alma a outros corpos humanos. A reencarnação é muitas vezes designada pelo nome de "palingenesia". Na opinião corrente, porém, o termo metempsicose conservou seu sentido restrito e pejorativo. O padre Coubé, que bem o sabe, aproxima os dois termos, que geralmente se repelem, na esperança de tirar proveito do equívoco, da confusão que possa resultar para a maior parte de seus leitores. Ele não ignora, entretanto, que os espíritas rejeitam com energia toda hipótese de queda da alma na animalidade. Acreditamos na ascensão e não no recuo. Nosso perispírito ou corpo fluídico, que é o molde do corpo material ao nascer, não se presta às formas animais, e essa razão por si só bastaria para tornar impossível tal regressão.

Os mesmos processos de argumentação se nos deparam em outros pontos do exame crítico do padre Coubé. Todas as sutilezas da dialética, todos os recursos da casuística e do silogismo foram por ele empregados para mostrar a uma luz desfavorável a doutrina das vidas sucessivas. Porém, malgrado as habilidades de uma inteligência maleável, insinuante, engenhosa em desnaturar, em desfigurar as coisas mais simples e mais claras, a grande lei dos renascimentos se impõe com tanta força que obriga por vezes o eloquente pregador a se inclinar e a lhe render homenagem. Por exemplo, depois de a ter qualificado de "sistema medíocre e ridículo" e mesmo de "loucura ou impostura"; depois de ter dito: "A reencarnação leva ao triunfo universal do mal", o autor deixa escapar esta confissão (p. 218): "A reencarnação não é por si mesma uma ideia ímpia e não parece intrinsecamente impossível"; depois: "A reencarnação poderia, a rigor, conciliar-se com o dogma do céu cristão".

Admirável poder da verdade, que força seus próprios detratores a se curvarem e a proclamarem-na! Há aí um caso de psicologia bastante notável e quando mesmo o estudo crítico do padre Coubé sobre a reencarnação não devesse produzir outro resultado que não o de pô-lo em relevo, ainda assim motivo haveria para lhe sermos gratos por o ter empreendido.

Fiel à sua tática habitual, o padre Coubé amalgama doutrinas discordantes a fim de as englobar numa só condenação. É o que faz com o Espiritismo e a Teosofia.

Não nos ocupamos com esta última, que saberá defender-se. Quanto ao Espiritismo, como vimos em nossos artigos precedentes, esse, pelos seus fenômenos, que são de todos os tempos e de todos os lugares, por mil fatos da vida dos santos, por toda a mística cristã se alojou no coração mesmo da praça e, para daí o expulsarem, seria necessária a destruição de todo o edifício católico. São formais a esse respeito os testemunhos das mais altas autoridades eclesiásticas. Já citamos algumas. Há muitas outras.

Nesses testemunhos, vamos encontrar igualmente a Doutrina Espírita. A das vidas anteriores e sucessivas imperava em toda a cristandade nos três primeiros séculos, e eminentes prelados ainda hoje a adotam.

A reencarnação está afirmada nos Evangelhos com uma precisão que não deixa lugar a dúvida alguma: "Ele é o Elias que havia de vir" (MATEUS, 11:14 e 15), disse o Cristo, referindo-se a João Batista. Ressalta também do seguinte diálogo: "Falando dos judeus, pergunta Jesus a seus discípulos: 'Que dizem eles do Filho do homem?'. Respondem-lhe os discípulos: 'Uns dizem que é João Batista; outros, que é Elias; outros, que é Jeremias ou um dos profetas'" (MATEUS, 6:13 e 14; MARCOS, 8:28).

Os judeus, e com eles os discípulos, acreditavam, portanto, na possibilidade que tem a alma de renascer em outros corpos humanos.

O Evangelho, tão amiúde rico em metáforas, é de uma notável clareza sobre esse ponto. A mesma convicção resulta do colóquio de Jesus com Nicodemos e do problema do cego de nascença.[26] É preciso que se esteja, a seu turno, cego pela ideia preconcebida para negar tal evidência. Por isso mesmo, não é aos nossos contraditores obstinados, aos nossos adversários interessados, mas a homens imparciais, libertos de preconceitos acanhados, capazes de julgar com liberdade, que vamos submeter a questão, deixando que se pronunciem.

A doutrina das vidas sucessivas, que foi também doutrina de Platão e da Escola de Alexandria, impregnava inteiramente o Cristianismo primitivo. Todas as correntes do pensamento oriental se reuniam para inocular na religião que surgia uma vida nova e ardente. Nessas fontes bebiam os cristãos mais ilustres os elementos da sua ciência e do seu gênio. Orígenes, Clemente, a maior parte dos padres gregos ensinavam a pluralidade das existências da alma. Ainda no século IV, São Jerônimo, na sua controvérsia com Vigilantius, reconhecia que a crença nas vidas sucessivas era a da maioria dos cristãos do seu tempo. Orígenes, sobre esse ponto de doutrina, não foi condenado pela Igreja, como o supõe o padre Coubé. O Concílio

---

[26] Vide padre Didon em *A vida de Jesus*.

de Calcedônia e o quinto de Constantinopla rejeitaram não a crença na pluralidade das vidas da alma, mas simplesmente a opinião de Orígenes de que a união do Espírito com o corpo é sempre uma punição e a de que a alma viveu, primeiro, no estado angélico. Esse ilustre pensador, que São Jerônimo considerava como "o maior dos cristãos depois dos apóstolos", não levava muito em conta a lei de educação e de evolução dos seres.

Na realidade, a Igreja nunca se pronunciou sobre a questão das existências sucessivas, que continua aberta às possibilidades do futuro. Em todas as épocas, membros eminentes do clero católico adotaram essa crença e a afirmaram publicamente.

No século XV, o cardeal Nicolau de Cusa sustentou, em pleno Vaticano, a teoria da pluralidade das existências da alma e a dos mundos habitados, não só com o assentimento, mas com os aplausos sucessivos de dois papas: Eugênio IV e Nicolau V (Ver *Meditações sobre a lei do progresso; a estatística moral e a verdade religiosa*, pelo coronel Dusaert — Paris, Didier, 1882). Eis aqui outros testemunhos mais recentes:

Em 1843, no seu mandamento, monsenhor de Montal, bispo de Chartres, falava nestes termos da preexistência e das reencarnações: "Pois que não é defeso crer na preexistência das almas, quem pode saber o que se terá passado, nas idades longínquas, entre Inteligências?".

G. Calderone, diretor da *Filosofia della Scienza*, de Palermo, que abriu um largo inquérito sobre as ideias dos nossos contemporâneos acerca da reencarnação, publicou algumas cartas trocadas entre monsenhor L. Passavalli, arcebispo vigário da basílica de S. Pedro, em Roma, e o Sr. Tancredi Canonico, senador do Reino, Guarda dos Selos, presidente da Suprema Corte de Cassação da Itália e católico convencido.

Citemos duas passagens de uma carta de monsenhor Passavalli:

> De meu espírito desapareceram para sempre as dificuldades que me perturbavam quando Estanislau, "de santa memória" [monsenhor Estanislau Fialokwsky, morto em Cracóvia a 18 de janeiro de 1885], a cujo Espírito atribuo em grande parte esta nova luz que me ilumina,

me anunciava pela primeira vez a doutrina da pluralidade das vidas do homem. Sinto-me feliz por haver podido verificar o efeito salutar dessa verdade sobre a alma de meu irmão.

Outra citação:

> Parece-me que, se fosse possível propagar a ideia da pluralidade das existências da alma, quer neste mundo, quer no outro, como meio de realizar a expiação e a purificação do homem, com o objetivo de torná-lo finalmente digno de si e da vida imortal dos Céus, já se teria dado um grande passo, pois isso bastaria para resolver os problemas mais intrincados e mais árduos que atualmente agitam as inteligências humanas. Quanto mais penso nessa verdade, mais ela se me mostra grande e fecunda de consequências práticas para a religião e para a sociedade. Luís, arcebispo.

Da correspondência inédita de T. Canonico, publicada ultimamente em Turim, resulta que ele próprio fora iniciado na crença da reencarnação por Towiansky, escritor católico muito conhecido. Numa extensa carta, que traz a data de 30 de dezembro de 1884, ele expõe as razões pelas quais acha que essa crença nada tem de contrária à religião católica, apoiando-se em muitas citações das Santas Escrituras.[27]

Poderíamos multiplicar as citações se não temêssemos fatigar o leitor. Já dissemos bastante para demonstrar que, sobre a questão das reencarnações como sobre a dos fenômenos e suas causas, nos encontramos em face das mesmas contradições, das mesmas incertezas, para não dizer da incoerência, da Igreja Romana. Não obstante suas pretensões à unidade de vistas e à infalibilidade, as oposições e as divergências não faltam em seu seio. De modo que causa espanto, às vezes, o tom imperioso em que falam seus representantes quando entre eles há tantas dúvidas e hesitações no que concerne aos problemas mais essenciais, o da vida futura e o do destino humano.

O padre Coubé, segundo suas próprias expressões, faz que a reencarnação compareça perante o tríplice tribunal da religião, da

---

[27] Ver *Annales des sciences psychiques*, setembro de 1912.

moral e da filosofia. É uma empresa temerária, porquanto o julgamento que assim provoca não pode vir a dar senão num completo revés para ele.

Notemos, primeiramente, pelo que respeita às religiões, que seiscentos milhões de asiáticos, bramanistas e budistas, partilham da nossa crença. Dela partilharam também os egípcios, os gregos e os celtas, nossos antepassados. Por conseguinte, ela faz parte da nossa verdadeira herança nacional. Vimos que o Cristianismo primitivo dela esteve impregnado até o século V. Presentemente, a encontramos mesmo no Islamismo, sob a forma de certas suratas do Alcorão. Segue-se que a reencarnação é ou foi admitida em todas as religiões. Só o Catolicismo e os outros ramos do moderno Cristianismo escapam à regra universal, desde que fizeram silêncio e mergulharam em trevas certas passagens da Escritura que afirmavam as vidas anteriores.

A Filosofia colheu dela as mais belas inspirações. Pitágoras, que a ensinou, foi considerado um gênio por toda a Antiguidade. Platão recebeu o cognome de "divino", mesmo dos pais da Igreja do Oriente. A Escola de Alexandria, com a sua plêiade de escritores — Fílon, Plotino, etc. — lhe deveu suas obras mais brilhantes. Kant e Spinoza a entreviram e, mais recentemente, a lista dos homens ilustres que a adotaram, desde Victor Hugo até Mazzini, ocuparia uma página inteira. Ainda neste momento ela reaparece nas teorias de Bergson, que parecem destinadas a revolucionar todo o pensamento contemporâneo.

Quanto à moral, essa só tem que se beneficiar da doutrina das vidas sucessivas.

A convicção de ser ele próprio o artífice de seus destinos, de que tudo o que fizer, de mau ou de bom, recairá sobre a sua cabeça como sombras ou raios de luz, servirá ao homem de estímulo para a sua marcha ascendente e o obrigará a vigiar escrupulosamente seus atos. Cada uma das nossas existências, boas ou más, sendo a consequência rigorosa das que a precederam e a preparação das que hão de seguir-se, nos males da vida veremos o corretivo necessário das nossas faltas passadas e hesitaremos em recair nelas. Esse corretivo será muito mais eficaz do que o temor dos suplícios do inferno, nos quais ninguém mais crê, nem mesmo os que deles falam com uma segurança mais fingida do que real.

O princípio das reencarnações tudo aclara. Todos os problemas se resolvem. A ordem e a justiça surgem no universo. A vida toma um caráter mais nobre, mais elevado. Torna-se a conquista gradual, pelos nossos esforços amparados do Alto de um futuro sempre melhor. O homem sente engrandecer-se a sua fé, a sua confiança em Deus e, dessa concepção larga, a vida social recebe profundas repercussões.

Ao inverso, não é uma ideia pobre e lamentável a que consiste em acreditar que Deus nos concede uma única vida para nos melhorarmos e progredirmos?

Pois quê! Uma existência que não dura mais do que alguns anos, alguns meses e, para muitos, algumas horas apenas, que é de oitenta ou cem anos para outros, tão desarmônica conforme as condições e os meios em que nos achamos colocados, conforme as faculdades e recursos que nos são outorgados, pode constituir o eixo único sobre o qual repouse todo o conjunto dos nossos destinos imortais? Não lobriga o padre Coubé a contradição, a falta de equilíbrio que existe entre uma concepção tão acanhada, tão insuficiente da vida, e a amplitude, a majestade que se revelam no plano geral da natureza? Como pode ele conciliar com a justiça e a bondade de Deus a situação dos que nascem mortos, a dos que não vivem mais do que alguns instantes, a dos condenados a sofrer desde o berço e às vezes durante muitos anos? Ignora ele que esses problemas foram causa do desespero de numerosos teólogos?

A existência humana não se harmoniza com o conjunto das coisas se nela não acharmos o mesmo encadeamento que vemos na ordem universal. Ora, esse encadeamento não se pode realizar senão sob a forma de vidas anteriores e sucessivas. O Ser infinito não nos recusa meios ilimitados de reparação, de resgate, de renovamento.

Mas o nosso contraditor se nega a ver na lei das reencarnações uma aplicação possível e satisfatória da ideia de justiça. Escreve ele: "Com esta doutrina, Deus está desarmado diante do mal. O culpado, em lugar de se emendar, se obstinará no mal e cada vez mais se atolará nele. A reencarnação não é uma sanção, porquanto deixa o homem livre".

Para se exprimir assim, o padre Coubé nunca mediu toda a extensão dos sofrimentos deste mundo. Nunca terá ele visto todo o longo desfile das enfermidades, das doenças, dos flagelos, numa palavra, todo o cortejo doloroso das misérias humanas? Basta que lancemos um olhar atento em torno de nós para que reconheçamos na dor física e moral, sob seus múltiplos aspectos, mil meios de realizar-se a expiação na justiça e, ao mesmo tempo, de efetuar-se a educação das almas, ao passo que as perspectivas de um inferno quimérico carecem de sentido prático e de fim útil, não satisfazem de modo algum às exigências da razão sábia e da soberana equidade.

Quanto ao argumento da ausência de lembrança, argumento que tantas vezes temos refutado, limitar-nos-emos a recomendar ao padre Coubé as experiências de renovação da memória das vidas anteriores, as reminiscências dos homens ilustres, as das crianças prodígio e tantos outros fatos, observados, verificados, reconhecidos exatos e que o quadro deste artigo nos não permite reproduzir. A esse respeito, bastar-nos-á apelar do padre Coubé, pouco esclarecido nesta matéria, para o padre Coubé mais bem informado.

II

Em meio à tormenta, à imensa tragédia que abala o mundo, muitas vezes, a criatura, com o coração oprimido, com os pensamentos perturbados, pergunta: "Por que permite Deus tantas calamidades?" Para essa interrogação, a Igreja Católica só tem respostas vagas e confusas. É, diz ela, a consequência da impiedade dos povos, do proceder deles abandonando a religião, desprezando seus preceitos e seus direitos temporais. Esquece a Igreja que foi o mais católico e o mais praticante dos povos, a Bélgica, o que sofreu primeiro e com mais intensidade os horrores da guerra. Esquece que outra nação católica, a Áustria, contribuiu para que eles se desencadeassem. Dois monarcas devotos, meticulosos observadores das práticas religiosas, tendo sempre na boca o nome de Deus, um católico, protestante o outro, são os que carregam a pesada responsabilidade dos crimes cometidos e das ondas de sangue derramadas.

O ensino da Igreja, com a sua doutrina de uma existência única para cada alma, é impotente para explicar o drama atual. Mister se faz procurar outra coisa. Só a filosofia das vidas sucessivas e a compreensão da lei geral de evolução podem dar a solução do problema e conciliar a bondade, a justiça de Deus com os acontecimentos que se desenrolam.

Lembremos, primeiramente, que, quando emanações maléficas invadem a atmosfera, tornando o ar dificilmente respirável, estala a tempestade para purificação do meio terrestre. Do mesmo modo, quando elementos mórbidos se desenvolvem no nosso organismo, quando os micróbios infecciosos crescem de número, sobrevém uma crise e a febre se manifesta. É a luta dos infusórios bons e maus que povoam o corpo humano. Se temos que continuar a viver, ela prossegue até a destruição dos parasitas perigosos e o nosso corpo readquire saúde e vigor. O mesmo se dá com o organismo social e planetário.

Deus não se desinteressa dos nossos males. Ele vela pela humanidade dolorosa como um pai médico pelo filho enfermo, dosando os remédios de maneira a fazer que dos sofrimentos deste resulte um estado de vida mais são e melhor.

A humanidade, temo-lo dito, se compõe, na sua grande maioria, das mesmas almas que voltam, de vida em vida, a prosseguir neste mundo a sua educação, o seu aperfeiçoamento individual, contribuindo para o progresso comum. Elas renascem no meio terreno até que hajam adquirido as qualidades morais necessárias para subirem mais alto. Em sua evolução através dos séculos, a humanidade sofre crises que assinalam outras tantas fases do seu desenvolvimento. Atualmente, ela mal saiu da sua crisálida, da sua ganga impura e grosseira e desperta para a vida superior. A nossa civilização é toda superficial e esconde um fundo considerável de barbaria. O drama a que assistimos representa a luta dos instintos egoístas e brutais contra as aspirações ao direito, à justiça, à liberdade.

No curso das primeiras existências terrestres, a alma tem, antes de tudo, que construir a sua personalidade, desenvolver a sua consciência. É o período do egoísmo, em que o ser tudo atrai a si, tirando do domínio comum as forças, os elementos necessários a constituir o seu eu, a sua originalidade própria. No período seguinte, restituirá, irradiará, distribuindo com todos o que houver adquirido, sem se empobrecer por isso, pois que, nessa ordem de coisas, aquele que dá aumenta o que possui, aquele que se sacrifica entesoura.

A humanidade, como dissemos, chegou, na sua marcha, ao ponto de transição entre dois estados. Para cada um de nós, a juventude é o momento mais crítico da vida, pela razão de que, por efeito da nossa experiência e do nosso arrebatamento, ela nos pode arrastar a atos que retardem a nossa evolução e comprometam o nosso destino. O mesmo se dá com a humanidade. Diante dela se ergue hoje o seu passado cheio de faltas, de erros, de crimes, de traições, de perfídias, de espoliações, que lhe cumpre expiar pela dor e pelas lágrimas. Daí a crise atual. A tempestade varre os miasmas deletérios que envenenavam a nossa atmosfera. O capital de egoísmo e de ódio acumulado pelos séculos e acrescido dos males do presente tem que se liquidar. É também a reação dos elementos sãos contra os elementos de decomposição e, por conseguinte, um meio de educação e de reerguimento. Diante dos males causados pela guerra, os corações mais frios, mais indiferentes se comovem. A piedade e a sensibilidade despertam. Ainda é necessário o cadinho do sofrimento para que o orgulho feroz de uns, a apatia, a indiferença, o sensualismo dos outros se atenuem, se fundam, se evaporem. Numa palavra, duras lições se fazem necessárias para que o nosso mundo material e atrasado se impressione.

Quanto às vítimas da guerra, essas, antes de nascerem, haviam aceitado as provações por que passam, quer para resgatarem faltas, quer para progredirem. É certo que a lembrança das resoluções tomadas se lhes apagou dos cérebros materiais, e o padre Coubé não deixaria de tirar desse esquecimento temporário um argumento. Que ele, porém, reflita sobre a situação do homem que conhecesse de antemão o seu destino e visse aproximarem-se, dia a dia, os acontecimentos terríveis em cuja engrenagem houvesse de ser colhido e triturado. As almas humanas são ainda muito fracas para suportarem um peso tão grande.

Deus lhes faz um benefício, deixando-lhes, até o último momento, com a ignorância do que se vai seguir, inteira liberdade de ação.

Para compreendermos o que se passa em torno de nós, preciso é, portanto, que reunamos numa mesma concepção a lei de evolução e a das responsabilidades, ou da consequência dos atos a recair, através dos tempos, sobre aqueles que os praticaram.

    A ignorância dessas leis, dos deveres e sanções que elas acarretam entra por muito nas desgraças e nos sofrimentos da hora presente. Se a Igreja os houvesse ensinado sempre, provavelmente não veríamos abrir-se-lhe sob os passos tão profundo abismo. E, no entanto, ela outrora conheceu esses princípios e sua doutrina tirou deles um brilho e um prestígio incomparáveis. Mas, nos tempos bárbaros, preferiu os espantalhos pueris inventados para impressionar um mundo criança. Agora, em face dos problemas formidáveis que se levantam, ela se mantém hesitante, embaraçada, impotente para responder às queixas, às recriminações que se erguem de todos os lados, para dissipar as dúvidas que em tantos espíritos despertam a injustiça aparente da sorte e as crueldades do destino. Pois bem, o que a Igreja não quer ou não pode fazer o Espiritismo o fará. Ele abriu de par em par as portas do mundo invisível que a Igreja fechara há séculos e por elas ondas de luz, tesouros de consolação e de esperança jorrarão cada vez mais sobre as aflições humanas. Passada a tormenta, dissipar-se-ão as nuvens sombrias que nos escurecem o céu. Um límpido raio do Sol brilhará sobre as ruínas acumuladas e uma era nova começará para a humanidade. Extensão considerável tomarão as ciências psíquicas, que trarão elementos de renovação a todos os domínios do pensamento e da arte. A própria religião será obrigada a levar em conta as provas que elas fornecem da sobrevivência.

    Grandes coisas se realizarão, dizem-nos os Espíritos. Almas poderosas reencarnarão entre nós para dar vigoroso impulso à ascensão geral. A consciência humana se desembaraçará das peias do materialismo. A Filosofia se espiritualizará. O ceticismo, que forma o fundo do caráter francês (e de tantos outros caracteres) mesmo entre a maior parte dos católicos, que só por hábito e rotina praticam o culto, se transformará pouco a pouco numa fé esclarecida, baseada na razão e nos fatos. A vida social também se transformará com a educação, e a moral exercerá seus direitos. Sem dúvida, estaremos ainda longe da perfeição, mas, pelo menos, um passo sensível se terá dado no caminho do progresso, aproximando-nos da unidade de vistas para uma compreensão mais elevada e mais nítida da ideia de Deus e das leis universais de justiça e harmonia.

* * *

Deveremos examinar todas as razões invocadas pelo padre Coubé para combater a doutrina das vidas sucessivas? Algumas são violentas, outras pueris. Todas são injustas, errôneas, tecidas de modo a surpreender a boa-fé dos leitores. Ele escreve, por exemplo: "A duquesa de Pomar se inculcava como sendo Maria Stuart reencarnada". Com certeza, o padre Coubé ignora a existência de uma brochura escrita por essa grande personagem e intitulada *Uma visita noturna a Holyrood*. Nesse livro, a duquesa conta que, tendo ganhado a confiança do guarda da antiga residência dos reis da Escócia, penetrou à noite na capela onde está o túmulo de Maria Stuart, para invocar o Espírito dessa desafortunada rainha. O Espírito lhe apareceu e lhe falou longamente, dando-lhe conselhos e instruções relativamente à tarefa que ela tomara a si desempenhar na Terra. Ora, se a duquesa acreditasse ser a reencarnação de Maria Stuart, teria falado daquela aparição e daquele diálogo debaixo das abóbadas históricas de Holyrood?

São desse quilate os argumentos do padre Coubé. E que resta de seus ataques ao Espiritismo? Como vimos, todos se voltam contra ele. Suas críticas, que não são inspiradas por nenhum sentimento de imparcialidade, que não se apoiam num conhecimento profundo do assunto, se desvanecem como fumo ao menor exame. Mesmo no seio da Igreja Romana, ele, com relação a esses pontos essenciais, se acha em contradição com pensadores e escritores ilustres. É evidente que a campanha movida por ordem superior contra nós não foi precedida de um estudo sério da questão. A fraqueza dos raciocínios demonstra a insuficiência da preparação.

O recurso maior, o refúgio supremo do padre Coubé é sempre a teoria do inferno. A cada página de *L'Idéal*, ela surge como uma obsessão, alindada com um estribilho de ópera. Para ele, isso supre tudo. Apega-se e se compraz no uso dos métodos envelhecidos que a maior parte dos pregadores de há muito pôs de parte. Não causa estranheza ver-se que essa ideia fixa que durante séculos produziu tantas perturbações mentais, tantas devastações, gerou abusos sem conta e ainda afeta certos cérebros eclesiásticos? O padre Mainage ousa escrever na *Revue des Jeunes*: "O Espiritismo leva à desintegração das faculdades mentais". Oportuna seria a ocasião para lembrarmos os casos de loucura mística produzida pelo temor das penas eternas. Por exemplo, o desse pai de família, de que os jornais há tempos deram notícia, que estrangulou os filhos ainda pequeninos para lhes proporcionar as alegrias do paraíso, visto que se achavam em estado de inocência... Mas não insistiremos.

Na sua apologia do inferno, o padre Coubé se exprime assim: "O inferno não é em si mesmo uma crueldade, pois que a crueldade consiste em fazer sofrer um ente para gozar com o seu sofrimento, portanto, além do que ele merece e do que a ordem reclama".

Responderemos: é sempre cruel infligir a um ser sofrimentos que não tenham a lenir nenhuma esperança e que não comportam resultado algum. Em todo o universo, o sofrimento é, sobretudo, um meio educativo e purificador. Considerando-o como uma expiação temporária, do ponto de vista da Justiça divina e segundo o Espiritismo, ele se nos mostra como um processo de evolução, pois que, desenvolvendo em nós a sensibilidade, nos aumenta a vida, tornando-a mais intensa, ao passo que, com as penas eternas, o sofrimento não é mais do que uma baixa vingança, uma crueldade inútil.

Ora, Deus nada faz sem objetivo, e o seu objetivo é sempre grandioso, generoso, benéfico para suas criaturas. O padre Coubé não deve ignorar que a maioria dos teólogos tem renunciado à teoria das penas eternas. De fato, está reconhecido e firmado que a palavra hebreia que se traduziu por *eterno* não significa *sem fim*, mas apenas *de longa duração*. A *Bíblia* qualifica de eternas diversas coisas que já desapareceram há muito tempo, por exemplo: o monumento que Josué mandou erigir em comemoração à chegada do povo de Israel à Terra Prometida.

Não seria um estudo bastante curioso o dos esforços de imaginação que os nossos adversários empregam para escorar essa teoria que desmorona por todos os lados? Com esse propósito, eles têm amontoado as complicações sobre as inverossimilhanças e as impossibilidades. Por exemplo, como se poderá compreender que Deus haja imposto a Satanás a tarefa de atormentar no Além os que o serviram neste mundo? As almas dos condenados, dizem-nos, suportam ao mesmo tempo sofrimentos físicos e torturas morais. E como causa espanto que Espíritos possam sofrer materialmente, recorreu-se ao dogma da ressurreição da carne, isto é, à reconstituição final do corpo humano, cujos elementos, dispersados por todas as correntes da natureza, serviram sucessivamente às mil formas da vida. A qual dessas formas humanas serão restituídos tais elementos? Perturbadora questão!

Outra consideração não menos embaraçosa: Deus, com a sua presciência, conhecendo de antemão a sorte das almas, tê-las-ia então criado na sua grande maioria para perdê-las, pois que, segundo a célebre sentença, muitos são os chamados e poucos os escolhidos?

Quanta confusão, quando é tão fácil e simples descobrir a verdade! Basta lançar um olhar em torno de nós para que reconheçamos que a dor física impera no nosso mundo. A Terra é o verdadeiro purgatório, o inferno temporário. O sofrimento do Espírito na vida do Espaço não pode ser senão moral. Resulta, dizem-nos os invisíveis, da ação da consciência que desperta imperiosa, mesmo que se trate das almas mais atrasadas. O Espírito sofre principalmente pela lembrança de suas existências passadas.

Em meio a tantas obscuridades acumuladas pela Igreja no decurso dos séculos, não é de admirar que a pobre humanidade se tenha extraviado e erre, sem bússola, à mercê das tempestades da paixão, da dúvida, do desespero. É bem tempo que o Espiritismo venha iluminar, para todos, o caminho da vida.

Com ele, nada de afirmações sem provas e, portanto, sem efeito possível sobre os materialistas. O Espiritismo repousa sobre um conjunto de fatos e de testemunhos que, crescendo continuamente, lhe asseguram o seu lugar na ciência e lhe preparam esplêndido porvir. Todas as descobertas recentes da Física e da Química vieram confirmar suas experiências.

A aplicação dos raios X, os trabalhos de Becquerel e de Curie sobre as maravilhosas propriedades radiantes dos corpos demonstraram objetivamente o que os Espíritos ensinam há longo tempo, isto é, que existem estados sutis da matéria e formas de vida até então ignoradas pelos sábios.

O Espiritismo não nos revela somente as leis profundas desse mundo invisível ao qual todos pertencemos, mesmo estando neste mundo, pelos elementos essenciais e imperecíveis do nosso ser. Ele nos mostra por toda parte a ordem e a justiça no universo, estabelece as responsabilidades da consciência humana e a certeza das sanções divinas, coisas todas essas que exasperam os ateus e perturbam a quietude dos gozadores. E são essas doutrinas, esses ensinos do mais elevado e mais austero espiritualismo que se pretende inspirados, ditados pelo demônio!

O Espiritismo é, pois, ao mesmo tempo, uma ciência e uma fé. Como fé, pertencemos ao Cristianismo, não, é certo, a esse Cristianismo desfigurado, apoucado, rebaixado pelo fanatismo, pela beatice de corações odientos e de almas pequeninas, mas à religião que une o homem a Deus em espírito e verdade.

Não nos passa pela mente fundar um novo evangelho. O de Jesus, na sua interpretação real, nos basta plenamente. Somos pelas doutrinas amplas, nas quais a alma humana acha abrigo, o coração se dilata, a verdade resplandece como puro diamante de mil facetas, as asas do pensamento não se veem comprimidas no seu voo pelo Infinito, na frase mesma da *Bíblia. Ubi spiritus, ubi libertas*. A igreja que não admitir essa divisa não é a nossa! Apoiados nessa ciência e nessa fé, somos invulneráveis e aguardamos confiantes o futuro.

Se um dia o grande ideal intelectual, desejado pelos sábios, entrevisto por todos os inovadores, vier a realizar-se pelo acordo entre a ciência e a fé, a humanidade o deverá ao Espiritismo, a suas investigações laboriosas, a sua filosofia consoladora e elevada. Graças a ele é que se cumprirá a bela profecia de Claude Bernard: "Virá o momento em que o sábio, o pensador, o poeta e o sacerdote falarão a mesma linguagem".

Conclusão

Chegado ao fim deste trabalho, lanço um olhar de conjunto sobre a obra da Igreja Católica Romana e resumo o meu pensamento nestes termos: malgrado as suas manchas e sombras, é bela e grande a história da Igreja, com a sua longa série de santos, de doutores, de mártires. Nas épocas de barbaria, foi ela o asilo do pensamento e das artes e, por séculos, a educadora do mundo. Ainda hoje suas instituições de beneficência cobrem a Terra.

Mas a obra da Igreja teria sido incomparavelmente mais bela, mais eficaz, se ela houvesse sempre ensinado a verdade em toda a sua plenitude, se houvesse feito luz completa sobre o destino humano, mostrado a todos o fim nobre, ainda que distante, das nossas existências. Quanto houvera aumentado a sua autoridade, quanto houvera crescido o seu prestígio se, em lugar de embalar tantas gerações com vãs quimeras, lhes tivesse mostrado Deus na majestade de suas leis, no esplendor e na harmonia de seus universos, oferecendo a todos os seus filhos as possibilidades de reparação pela prova, do resgate pelo sofrimento e guiando a ascensão eterna de todos os seres para estados sempre melhores, numa crescente participação de suas obras sublimes!

Se houvesse feito isso a Igreja, não veríamos a indiferença, o ceticismo, o materialismo se espalharem, produzindo por toda parte suas devastações. Se a Igreja houvesse ensinado sob suas formas reais as leis de justiça e de responsabilidade, a comunhão íntima dos dois mundos e a certeza do encontro no Além daqueles que se amaram, não veríamos tantas revoltas contra Deus, tantos desesperos e suicídios. Não veríamos as paixões, as cobiças, os furores se desencadearem em volta de nós.

Por isso mesmo, comprovando os efeitos de seus ensinamentos, podemos perguntar se os nossos contraditores, em suas afirmações e críticas, estão bem senhores de si, bem certos de seguir o caminho traçado do Alto. As dúvidas, as hesitações de grande número de padres, suas lutas interiores e suas confidências nos autorizam a crer no contrário. Cruel é a situação de tantos homens dignos, colocados entre as exigências da sua razão e as do dogma. Essa situação se agravará cada vez mais e se tornará dolorosa no dia em que, transpondo os umbrais do Além, se acharem diante da multidão dos que eles tinham o encargo de guiar, de aconselhar, de dirigir e que lhes perguntarão com insistência por que as condições da vida espiritual se mostram tão diferentes de tudo o que a respeito lhes fora dito neste mundo. E se o Cristo, mestre de todos nós, aparecendo nos fulgores da sua glória, lhes pedir, por sua vez, contas da missão que receberam e do uso que fizeram da sua verdadeira doutrina, que lhe responderão? Em presença de tão temíveis eventualidades, não insistiremos. Deixamos à consciência dos nossos adversários o encargo da resposta.

Giovana

Giovana

(Novela espírita)

I

Todos aqueles que têm percorrido a Lombardia conhecem o lago de Como, esse espelho do céu de Itália caído entre montanhas, esse maravilhoso éden em que a natureza se entroniza, preparada para uma festa eterna. As linhas sucessivas de montes que o emolduram e a toalha límpida e azul de suas águas formam um contraste surpreendente. As cidades e as alvacentas aldeias sucedem-se em sua margem como pérolas de um colar. Acima delas, sobre o flanco das colinas, derramam-se jardins em esplanadas guarnecidas de laranjeiras, limoeiros, romeiras e figueiras em profusão. Mais acima, a folhagem pálida das amendoeiras, o tapete das encostas. Graciosas casas de campo, vivendas pintadas de delicadas cores, com cintos de grandes árvores, sombreando brancas estátuas, abrem aqui e ali esse manto verdejante.

Ao longe, elevam-se os Alpes majestosos, coroados de um diadema de neves. E, sobre tudo isso, resplandece a luz do meio-dia, luz radiosa, que reveste de tons deslumbrantes os pináculos dos rochedos e as velas dos barquinhos de pesca que deslizam numerosos sobre o tranquilo lago.

Para desfrutar a poesia serena dessas paragens, tomai um barco e fazei-vos de vela ao largo, à hora do crepúsculo. Nesse momento, uma brisa branda ondula as águas e faz estremecerem as tamareiras da margem. O odor penetrante das murtas casa-se aos doces perfumes das laranjeiras e dos limoeiros. De todos os pontos do lago elevam-se cânticos. É a hora em que os campônios e os jovens operários das fábricas regressam para as pequenas aldeias cantando modinhas. Suas melodias chegam até vós, enfraquecidas pela distância. Na calma das tardes, elas parecem vozes descendo do Céu.

Bem depressa vem juntar-se a esses sons o rumor dos instrumentos de música vindos das herdades iluminadas.

Todo o lago vibra então como uma só harpa. E se, ajuntando-se à magia dessa cena, o astro da noite mostra o seu disco por cima das montanhas; se, sob seus raios peneirados, os cimos alpestres se coloreiam; se ele esparge sobre as águas transparentes sua luz amena e prateada: então, esse ar deslumbrante, esse céu tão doce, esses perfumes, essas harmonias, essas alternativas de luz e de sombras, tudo isso encherá vossa alma de emoção deliciosa e inexprimível.

Uma graça encantadora envolve toda a região sul do lago. Mais adiante, porém, para o norte, nas proximidades dos Alpes, o aspecto torna-se severo, imponente. As rochas são de formas mais ásperas, os montes são mais escarpados, os jardins e as plantações de oliveiras são substituídos pelos castanheiros e pelos sombrios pinheirais.

Grandes picos escalvados, solitários, olham do extremo horizonte e parecem sonhar.

Perto de Gravedona, estende-se um estreito vale, banhado por uma corrente que salta de rocha em rocha, fazendo resplandecer suas águas vivas em graciosas cascatas. Algumas habitações modestas estão disseminadas na verdura. Junto duma estrepitosa queda d'água, pela qual a torrente se precipita nos últimos contrafortes, um moinho, desmoronando-se de velhice, faz ouvir seu constante rumorejar. Daí, um atalho segue as desigualdades do terreno, sobe os declives, mergulha nos barrancos pedregosos e através das sarças, das aveleiras, das murtas e dos espinheiros, confina numa última choupana, que dois grandes teixos protegem com sua sombra.

Em torno de seus robustos troncos, enroscam-se hastes de videiras, que enlaçam os ramos com seus festões e, quando chega o outono, deixam pender essas belas uvas da Itália, com cachos de meio metro, de bagos alongados, saborosos, que estalam nos dentes. O casebre está quase inteiramente escondido por espessa camada de hera. Sobre o telhado, transformado em canteiro, crescem gramíneas, desabrocham flores. As andorinhas fizeram ninhos entre o vigamento. Ao menor ruído, são vistas suas cabecinhas inquietas.

Um grande cercado, invadido por ervas e plantas selvagens, estende-se por trás da choupana, e um curral vazio, arruinado, aberto a todos os ventos, é limitado por um gradeamento de pau.

Alguns anos antes, o aspecto desse canto da Terra era inteiramente diferente. O jardim, cultivado com desvelo, era produtivo, agradável à vista, e o curral dava abrigo a duas belas cabras e a um vigoroso jumento.

Pietro Gerosi habitava esse pardieiro com Marta, sua mulher, e três filhos. Toda essa família vivia do produto da pequenina herdade.

Uma vez por semana, Pietro carregava o seu jumento Rufo com cestinhas de frutas, de legumes e bilhas de azeite, que ia vender no mercado de Gravedona. No inverno, havia leite das cabras e, durante longos serões, trançavam-se cestas e preparavam-se as seiras que deviam guarnecer os garrafões de vinho.

Reinava a abundância nesse albergue. Vieram, porém, os maus dias. Pietro, acometido de moléstia grave, foi por muito tempo definhando, até que morreu. Tornou-se preciso vender as cabras, e Rufo foi-se por sua vez. Abandonado o jardim e não mais produzindo, fez-se sentir o peso da miséria sobre a humilde família. Sujeita a um trabalho incessante, minada por afanosos cuidados, Marta sentiu suas forças desaparecerem rapidamente.

Penetrai nesse interior e vede, sobre um pobre leito, essa mulher envelhecida antes do tempo, de tez amarelenta, de faces cavadas, de olhos brilhantes pela febre. Eis ao que as vigílias, o sofrimento e as lágrimas reduziram a robusta camponesa. Junto dela estão suas três filhas. A mais velha, Lena, rapariguinha de quinze anos, de membros delgados, de feições já abatidas pelas privações e desassossegos, está sentada num banquinho perto da cama e conserta uns farrapos usados. Suas irmãzinhas, agachadas na terra recalcada, ensaiam trançar uma cesta. As paredes estão desnudadas, caiadas de branco. A um canto, folhas de feto amontoadas servem de cama para as crianças. Uma Nossa Senhora de madeira coberta com um retalho de estofo que tinha sido azul e algumas imagens grosseiras de santos formam, com rústicos móveis, os únicos ornamentos da casa. Um completo silêncio, apenas interrompido pela respiração opressa da doente, reina na choupana. Raios de sol, penetrando pela porta escancarada, alumiam o antro dessa miséria.

Um leve ruído, porém, fez-se ouvir do lado de fora. Dir-se-ia que eram pisadinhas leves sobre algum estofo. As crianças voltam-se e proferem exclamações alegres. Uma jovem está de pé no limiar da porta. É bem uma jovem? Não é antes uma criatura sobre-humana, alguma aparição celeste? O Sol, iluminando suas tranças louras, coroa-lhe a fronte com uma espécie de auréola. Seu vestido branco, seu talhe esbelto, suas feições encantadoras a tornam semelhante a essas virginais pinturas de Rafael Sanzio. Ela se aproxima, e, vendo-a, o semblante emagrecido de Marta se ilumina com um pálido sorriso e as crianças cercam-na. Ela se inclina para a doente. Com sua mão alva e delicada, aperta-lhe os dedos que queimam. Dirige-lhe palavras consoladoras e amistosas. Uma matrona, curvada ao peso de enorme cesto, entra por sua vez. Assenta-se esbaforida e, em seguida, coloca na caixa de madeira provisões de toda sorte: um frasco de vinho generoso, vestimentas e um cobertor. Esses objetos ficam amontoados naquele móvel, estreito demais para contê-los.

Pelo ar afetuoso da donzela, pelo empenho com que a acolhem, com que a festejam, adivinha-se que suas visitas são frequentes. A loura e graciosa jovem é a providência dessa humilde habitação, como de todas aquelas onde há aflições a consolar, lágrimas a enxugar, sofrimentos a curar. É por isso que lhe chamam a fada dos pobres.

II

Giovana Speranzi nasceu na vila de Lentisques, cujas vivendas esbranquiçadas se avistam do vale. Seus dezoito anos passaram nestes sítios, emoldurados pelo Sol e pelas flores. Diz-se que a alma está ligada por influências secretas às regiões em que habita, que ela compartilha de sua graça ou de sua rudez. Debaixo desse céu límpido, no meio dessa natureza serena, Giovana cresceu, e todas as harmonias físicas e morais uniram-se para fazer dela uma maravilha de beleza, de perfeição. Ela é alta e delgada, tez clara, cabelos louros, espessos e sedosos, boca pequena, guarnecida de dentes miúdos e lustrosos, olhos de um azul profundo e meigo. A altivez do semblante tem um cunho de nobreza, de pureza ideal.

Claridades parecem envolvê-la. A despeito da expressão de melancolia que lhe é habitual, Giovana, na florescência de suas dezoito primaveras, é uma das mais encantadoras filhas de Milão. Órfã aos treze anos, conservou uma saudade sempre viva pela perda dos seus. Tornando-se pensativa, concentrada, seu semblante distraído pende, no mais das vezes, para a terra onde dormem os queridos mortos. Ardentes aspirações arrebatam-na para as coisas elevadas, para Deus, para o Infinito. Entretanto, ela não menospreza o mundo. Um tesouro de sensibilidade, de inefável caridade, está encerrado no seu coração. Todo sofrimento, toda dor encontra eco em si. Por isso, sua vida é consagrada aos que choram. Ela não conhece alegria mais doce, nem tarefa mais atraente do que socorrer e consolar os infelizes.

Desse modo se passa a sua juventude, entre uma tia doente e uma velha aia que de nada cuida, acompanhando-a nas suas visitas aos indigentes.

Entretanto, há pouco tempo veio um incidente interromper a uniformidade dessa vida, lançando a perturbação na alma cândida de Giovana. Um dia em que seguiu o atalho bem conhecido que vai ter à morada dos Gerosi, nuvens negras amontoaram-se por cima do pequeno vale, grossos pingos d'água caíram em abundância por entre as moitas das aveleiras, e o raio, explodindo subitamente, encheu os desfiladeiros das montanhas com relâmpagos ofuscantes. Apenas tinha ela entrado na choupana quando o temporal se desencadeou com violência, curvando até o solo a ramagem das árvores e encobrindo o horizonte com um espesso lençol de chuva. A corrente, engrossando extraordinariamente, misturava o murmúrio de suas águas com o troar da tempestade. Um jovem vestido à caçador, trazendo uma espingarda na mão, alcançou, correndo, a choupana e pediu para se abrigar ali.

Enquanto lá fora o temporal fazia estragos, ele pôde examinar à vontade o lugar em que se achava. À vista da miséria, ao aspecto de Marta deitada no leito do sofrimento, mostrou interessar-se por esse infortúnio e fez algumas perguntas discretas, às quais Giovana respondeu abaixando os olhos. A presença, o procedimento desse anjo consolador entre tais infelizes, tocou-o. Pediu para associar-se a essa boa obra, e a conversação travou-se de modo tal, que a tempestade já há muito havia cessado, e o Sol voltara a sorrir, e ele não pensava em deixar essa habitação onde um acaso fortuito o trouxera. Por fim, retirou-se, mas para voltar muitas vezes. Quase que não se passava um dia sem que fosse visto aparecer à hora habitual em que Giovana visitava a pobre família. Ali ficava até que ela se retirasse, olhando-a com ternura, admirando a sua graça virginal, a sua delicada bondade para com a doente. Acabou por prolongar as visitas por muito tempo, mesmo depois que Giovana se retirava, conversando sobre ela com Lena, a quem assediava com perguntas. Embora nunca tivesse, anteriormente ao dia do temporal, entrado em casa dos Gerosi, Maurício Ferrand não era desconhecido. Quinze anos antes, um francês, exilado por motivo de acontecimentos políticos, viera fixar-se no país. Tinha comprado em Domaso, aldeia que confina o lago, perto de Gravedona, uma pequena habitação situada numa colina, cuja vista abraça o imenso panorama das águas e dos montes, a Brianza, a Valtelina, os grandes pinos dos Alpes. O exilado trazia um filho consigo, jovem de oito a dez anos, cuja mãe havia falecido em França. Maurício era o filho. Percorria a região, acompanhando os pequenos pastores aos rochedos na procura dos ninhos de pombos bravos, ou os pescadores de trutas que exploram o leito das correntes, e bem depressa aprendeu a língua poética e sonora de Manzoni e de Alfieri. Foi preciso, porém, renunciar a esses alegres divertimentos, e um dia seu pai o levou a Como, onde tomaram a estrada de ferro de Milão. Chegados a essa grande cidade, o primeiro cuidado do exilado foi colocar o filho em um dos melhores colégios, voltando depois a encerrar-se no seu pavilhão onde vivia só, com uns livros e uma velha criada.

Maurício fez rápidos progressos. Sua viva inteligência e sua prodigiosa memória prestaram-lhe tão bons serviços que, em poucos anos, não tendo mais nada que aprender no estabelecimento em que tinha sido colocado, foi continuar os estudos na Universidade de Pavia. À medida que sua instrução se desenvolvia, seu caráter se revelava — caráter singular, mesclado de sentimentos generosos e severos. Maurício amava instintivamente a solidão, tinha poucos amigos.

Os modos bulhentos, expansivos, dos lombardos e dos toscanos, no meio dos quais se achava, desagradavam-lhe. Vivia afastado o mais possível, consagrando as horas vagas à leitura dos poetas favoritos. Uma profunda curiosidade levava-o assim para os estudos filosóficos. Cedo entrou na indagação do porquê das coisas, querendo aprofundar esses misteriosos problemas que nos dominam durante a vida e que, semelhantes ao fluxo das marés, banidos do nosso pensamento pela impotência, lá voltam cada vez mais imperiosos.

O sentimento religioso, a princípio, manifestara-se nele por um vivo amor ao catolicismo. As pompas brilhantes do culto italiano, a voz potente dos órgãos, os cânticos, os perfumes, a magnificência dos edifícios, desses zimbórios milaneses, maravilhas de escultura, cujas estátuas de mármore perfilam-se em legiões inumeráveis sob o azul do céu, todos esses esplendores do romanismo enchiam de emoção profunda a alma de Maurício. Quando, porém, se habituou a essas pompas majestosas, sua razão quis descer ao fundo dos dogmas, analisá-los, penetrá-los. Quando, rasgado o véu brilhante e material que cobre aos olhos do vulgo a pobreza do ensino católico, ele nada mais viu que a moral embaciada pelas fórmulas, os princípios do Cristo falsificados, um Deus parcial e cruel entronizado sobre um acervo de superstições, então procurou uma crença esclarecida, capaz de satisfazer seu coração, sua razão, sua necessidade de fé e de justiça. Aprofundou-se no estudo das diversas filosofias, desde a dos gregos e dos orientais até o moderno e árido positivismo. Desse exame colossal, desprendeu-se para ele uma fé espiritualista baseada no estudo da natureza e da consciência, e achou na comunicação íntima da alma com Deus uma força moral que julgou suficiente para manter o homem no caminho reto. Ele acreditou então que a existência presente não era a única para nós, que a alma deve elevar-se pelas vidas sucessivas e sempre renascentes para a perfeição.

III

Era principalmente na época das viagens, bem curtas por sua vontade, que Maurício fazia à residência paterna, e mesmo durante as excursões que se lhes seguiam, que seu pensamento, estimulado pela poesia da natureza, elevava-se para Deus, num impulso rápido e seguro. Aprazia-se então em vagar por entre as montanhas, em percorrer os sítios escuros onde ecoa o murmúrio constante das torrentes e das cascatas, e embrenhava-se nas florestas de pinheiros e faias, que cobrem com suas sombrias copas a encosta dos Alpes.

As rajadas de vento, curvando as ramagens, lançando na profundeza dos bosques suas notas lânguidas e harmoniosas, semelhantes ao toque de um órgão invisível, o marulhar das águas resplandecentes, o cântico das aves, o soar longínquo do machado do lenhador nos troncos das árvores, todas essas vozes da solidão embalavam seu espírito, falavam-lhe uma linguagem pacífica. Por entre os píncaros banhados de luz, por entre as abóbadas de verdura, sua prece subia a Deus de um modo mais puro e fervoroso que nos templos invadidos pela multidão. No seio dos bosques odoríferos, os retiros sombrios e ocultos convidavam-no ao repouso. E os mil rumores dessa natureza agreste formavam para ele uma melodia deliciosa, de que se embriagava, a ponto de esquecer as horas e deixar passar o momento do regresso. Urgia, entretanto, arrancar-se a essas delícias dos olhos e do coração para retomar o curso dos estudos interrompidos. Maurício foi bem-sucedido em seus exames. Hesitando depois entre as diversas carreiras que se lhe deparavam, a convite do pai, seguiu a de Direito, fez-se advogado e começou a exercitar-se no foro de Milão. Sua eloquência ousada, atrativa, sua viva imaginação, o estudo aprofundado das causas que lhe eram confiadas fizeram que fosse logo notado pela gente dos tribunais. Um brilhante futuro sorriria à sua ambição se ele tivesse querido submeter a consciência às sutilezas da chicana, da política e fazer-se satélite dos poderosos. Mas essa alma elevada e ativa não podia abaixar-se a semelhante papel. As intrigas, as torpezas das cortes e dos salões enchiam-no de amargura.

O espetáculo de um mundo ocioso, corrompido, sustentando com estrépito sua riqueza e seus títulos; a ambição, o egoísmo, subindo de assalto à sociedade e dominando-a; a probidade vacilante; a especulação desenfreada humilhando o trabalho regenerador, todas essas úlceras da nossa época de decadência moral, mostrando-se em sua deformidade aos olhos do mancebo, ensinaram-no a desprender-se mais e mais das coisas terrestres. Tendo querido umedecer os lábios na taça dos prazeres, só achou fel. O amor a preço, a orgia brutal, o jogo estupefaciente eram para ele outros tantos monstros que o tinham feito recuar de horror.

Com tais gostos, uma disposição natural para a meditação, o amor da solidão, viu pouco a pouco desmancharem-se as suas relações. Aqueles que a princípio o haviam acolhido, chocados agora pela sua rigidez, por essa misantropia que se desabafa em termos amargos, pela ausência dessa benevolência tão necessária aos sábios, afastaram-se de Maurício e o deixaram entregue aos seus sonhos. O vácuo fazia-se ao seu redor. Um desgosto profundo apoderou-se do jovem advogado. Rejeitou as causas mais ou menos duvidosas que lhe queriam confiar e viu assim reduzir-se o número dos clientes. Suas brilhantes faculdades ficaram sem utilidade.

Invadia-o um sombrio abatimento, quando, de Domaso, lhe chegou a notícia de que seu pai, gravemente doente, chamava-o para perto de si. Maurício partiu imediatamente.

O exilado, devorado pela nostalgia, por esse amor do torrão natal, por essa necessidade da pátria que coisa alguma pode substituir, lutava em vão contra um mal incurável. Cedo morreu nos braços do filho. Essa morte derramou uma sombra ainda mais espessa sobre a fronte de Maurício. Sua tristeza e sua melancolia naturais cresceram. Renunciou ao foro e instalou-se na pequena casa solitária que o falecido lhe havia legado. Seu tempo foi dividido entre leituras e excursões. Muitas vezes, desde manhã, tomava a espingarda e, a pretexto de caçar, percorria a região em todos os sentidos, caminhando ao acaso, indiferente aos obstáculos. A caça podia passar impunemente perto dele. Mergulhado em intermináveis ilusões, pouco se lhe dava persegui-la. Às vezes assentava-se nalgum rochedo dominando o lago para observar o movimento dos barcos deslizando ao impulso dos remadores, as águias descrevendo círculos imensos no céu, as lentas declinações da luz durante as horas da tarde e, somente quando a noite começava a estender seu véu sobre a Terra, é que ele cuidava de voltar a casa.

Foi durante uma dessas excursões que, surpreendido pela tempestade, refugiou-se em casa dos Gerosi, e ali encontrou Giovana. Desde esse dia, sua vida mudou.

O olhar dessa donzela reanimou-o no mesmo instante. Um alegre raio de esperança atravessou a obscuridade da sua alma; uma voz desconhecida cantou-lhe no coração. A princípio, ele não se apercebeu do novo sentimento que em si nascia. Uma força magnética, a que instintivamente obedecia, levava-o para junto da jovem. Quando ela estava presente, na sua frente, esquecia-se de si mesmo, contemplando-a, ouvindo-a. O timbre de sua cândida voz acordava-lhe no ser ecos de uma doçura infinita. Via nela mais que uma filha da Terra, mais que uma criatura humana; parecia-lhe uma aparição fugaz, reflexo misterioso de outro mundo, um tesouro de bondade, de pureza, de caridade, a quem Deus emprestara uma forma sensível, a fim de que, vendo-a, os homens pudessem compreender as perfeições celestes e a elas aspirar. A presença de Giovana arrancava-o da sua misantropia. Ela fazia emanar de si uma onda de pensamentos benfazejos e generosos, um ardente desejo de ser bom e de consolar. Seu exemplo convidava-o para o bem. Sentia o vácuo, a inutilidade de sua vida, e compreendia afinal que há muito que fazer aqui embaixo e que não deve fugir dos homens ou encerrar-se numa indiferença egoística. Interessava-se agora pelas dores alheias, pensava muito mais nas crianças, nos deserdados deste mundo, em todos aqueles que a adversidade oprime e procurava avidamente os meios de lhes ser útil.

Durante suas entrevistas, ainda que pouco se falassem, trocavam mil pensamentos. A alma tem meios de exprimir-se, de comunicar-se ocultamente, que a ciência humana não pode definir nem analisar.

Uma atmosfera fluídica, em correlação íntima com o seu estado moral, circunda todos os seres, e, segundo sua natureza, simpática ou adversa, eles se atraem, se repelem, se expandem ou se concentram, e é desse modo que se explicam as impressões que experimentamos à vista de pessoas desconhecidas.

Corriam os dias. Graças aos socorros de Giovana, graças aos cuidados do médico de Gravedona, cujas visitas Maurício pagava,

Marta havia recuperado a saúde. No dia em que ela pôde sair, uma surpresa agradável a esperava da parte de fora. O jardim, invadido outrora pelas ervas daninhas e pelas silvas embaraçosas, estava de novo limpo e galante. A primavera havia engrinaldado de flores todas as roseiras. As pereiras e as figueiras vergavam ao peso dos frutos. Compridos cachos de bagos vermelhos pendiam das hastes das amoreiras e abundantes legumes cobriam os canteiros. Um hábil jardineiro, enviado por Maurício, tinha podado as árvores, tratado da vinha e operado essa transformação. Desse canto desolado, tinha ele feito um maravilhoso pomar. A vida da pobre família estava garantida.

IV

Sobre uma das colinas que orlam o lago, a alguma distância de Gravedona, estende-se um florestal de freixos e ciprestes. Sua verdura sombria aparece ao longe semeada de manchas de alvura deslumbrante. Tumbas funerárias, cruzes de madeira ou de pedra erguem-se entre a ramagem. É o campo-santo, o lugar onde vai terminar a infinita cadeia das dores humanas. Uma flora brilhante desabrocha entre os sepulcros e espalha no ar agradáveis aromas. A luz se esparge e os pássaros cantam sobre as lousas tumulares. Que importa, enfim, à natureza, que tantas esperanças e alegrias aí sejam para sempre ocultas aos olhos humanos? Nem por isso ela deixa de prosseguir no ciclo das suas maravilhosas transformações.

Perto da entrada do cemitério, existe uma grande lousa de mármore emoldurada de roseiras, de jasmins, de cravos encarnados, entre os quais zumbem os insetos. Uma acácia a esconde em sua sombra. Aí dormem, embalados pelos ecos longínquos, pelos murmúrios enfraquecidos da vida, os pais de Giovana, e é a mão piedosa desta que aí coloca essas flores. Muitas vezes por semana, ela vai orar na igreja de Gravedona e daí, acompanhada de sua aia, segue para o cemitério onde jazem os restos dos seus maiores. Também ali repousa o corpo do pai de Maurício, e este, em seu taciturno tédio, gosta de percorrer essas alamedas silenciosas, gosta de retemperar seu espírito na grande calma da cidade dos mortos. Um dia, aí se encontraram os dois jovens. Giovana, ajoelhada, a cabeça pendida para a sepultura de sua mãe, parecia conversar com esta em voz baixa. Via-se que seus lábios se agitavam. Que dizia ela à morta? Que misteriosa troca de pensamentos se operava entre essas duas almas? Maurício não o sabia, mas, receoso de interromper tal recolhimento, conservava-se ao longe, imóvel, atento. Ao erguer-se, Giovana deu com ele, e seu rosto tingiu-se de púrpura. Maurício, porém, bem contente com esse encontro, aproximou-se e cumprimentou-a.

— Minha senhora — disse-lhe —, vejo que um mesmo móvel nos conduziu para este lugar. É doce vir meditar junto daqueles que perdemos, provando-lhes que sua lembrança está para sempre gravada em nosso coração, não vos parece?

— Assim é — respondeu ela — e, no cumprimento desse dever, adquirem-se novas forças e nos fortalecemos no bem. Cada vez que aqui venho, saio mais calma, mais submissa à vontade de Deus.

— Sentireis vós também o que eu experimento junto dos mortos? Desde que me aproximo da sepultura de meu pai, parece-me que uma íntima comunicação se estabelece. Julgo ouvir sua voz, falo-lhe e ele me responde. Pode ser, porém, que isso não seja mais do que uma vã ilusão, um efeito da nossa emoção...

Giovana ergueu para ele os olhos que tinham um brilho profundo e doce.

— Não, isso não é uma ilusão — disse ela. Eu também ouço essas vozes interiores. Aprendi há muito tempo a compreendê-las. E não é somente aqui que se fazem ouvir em mim. Em qualquer parte que eu esteja, se chamo pelo pensamento meus caros invisíveis, eles vêm, me aconselham, me encorajam e guiam meus passos na vida. A sepultura não é uma prisão. Quando muito, pode-se considerá-la um meio de recordação. Não acrediteis que as almas aqui estejam prisioneiras.

— As almas dos mortos voltam, pois, à Terra?

— Podereis duvidá-lo? — disse a jovem. Como deixariam de interessar-se por nós no espaço aqueles que nos amaram aqui embaixo? Libertados os laços da matéria, não estão mais livres, e a recordação do passado não os torna a trazer para junto de nós? Sim, certamente, eles voltam, associam-se às nossas alegrias e às nossas dores. Se Deus o permitisse, nós os veríamos muitas vezes ao nosso lado regozijarem-se com as nossas boas ações e entristecerem-se com as nossas faltas.

— Entretanto, sois uma católica fervorosa. Ora, o catolicismo não ensina que depois da morte a alma é julgada e, segundo a sentença divina, permanece eternamente no lugar do castigo ou na mansão dos bem-aventurados?

— Adoro a Deus, obedeço como posso à sua lei. Essa lei, porém, é uma lei de amor e não uma lei implacável. Deus é por demais bom e justo para punir eternamente. Conhecendo a fraqueza do homem, como poderia mostrar-se cruel para com ele?

— Qual será, pois, no vosso entender, a sanção do bem e como se cumprirá a Justiça divina?

— A alma, deixando a Terra, vê rasgar-se o véu material que lhe fazia esquecer sua origem e seus destinos. Compreende então a ordem do mundo, vê o bem reinar acima de tudo. Segundo sua vida tiver sido boa ou má, estéril ou fecunda, conforme ou contrária à lei do progresso, ela goza de uma paz deliciosa ou sofre um pungente remorso, até que volte a reassumir a tarefa acabada.

— E como é isso? Dizei-me.

— Voltando simplesmente a esta Terra de provação para trabalhar no seu adiantamento e ajudar as suas irmãs na marcha comum para Deus.

— Pensais então que a alma deve efetuar muitas existências aqui embaixo?

— Sim, eu o sinto. Uma existência não pode bastar para nos habilitar a atingir a perfeição. E como, a não ser assim, se poderia justificar o fato de os filhos de Deus serem tão dessemelhantes de caráter, de valor moral e de inteligência?

— Haveis de consentir que me admire de que, na idade em que tantas jovens são vaidosas e loucas, vós sejais tão séria, tão refletida e tão esclarecida das coisas do Alto.

— Sem dúvida é porque tenho vivido mais do que as de que falais.

Uma andorinha passou dando um grito agudo que fez estremecer Giovana.

— Creio como vós — respondeu Maurício — que a existência atual não é a primeira que realizamos, mas por que motivo a lembrança do passado se apaga da nossa memória?

— Porque os tumultos e as ocupações da vida material nos distraem da observação íntima de nós mesmos. Muitas reminiscências de minhas vidas de outrora voltam-me ao espírito. Creio que muitas pessoas poderiam reconstruir suas existências passadas, analisando seus gozos e seus sentimentos.

— A amizade ou a repugnância instintiva que experimentamos à primeira vista por certas pessoas não terão origem nesse passado obscuro?

— Sim, sem dúvida, mas devemos resistir a esses sentimentos de repugnância. Todos os seres são nossos irmãos, e nós lhes devemos a nossa afeição.

— Assim, esse impulso irresistível que me leva para vós desde o primeiro dia em que vos vi, essa força que não faz senão aumentar desde o nosso encontro em casa de Marta e que me faz procurar-vos por toda parte será uma prova de que já nos encontramos e nos conhecemos nesta Terra?

A jovem sorriu e calou-se.

— Cara donzela — continuou Maurício —, em tom grave e comovido, devo dizê-lo, os nossos pensamentos unem-se numa concordância mútua. Torno a achar em vós todas as minhas ideias, mas essas ideias, confusas em meu espírito, se engrandecem e se esclarecem quando passam por vossa boca. A solidão e a reflexão fizeram de vós um anjo de bondade e de doçura. A mim, elas tinham-me amargurado e tornado indiferente aos sofrimentos humanos. No dia, porém, em que vos vi agindo, compreendi onde estava o bem e o dever. Minha vida recebeu um novo impulso. É a vós que devo essa revelação. Vendo-vos, ouvindo-vos, um véu rasgou-se, um mundo de sonhos, de imagens, de aspirações mostrou-se a meus olhos. Desse modo, vossa presença tornou-se para mim uma necessidade, uma profunda alegria. Deixai-me a esperança de poder tornar a ver-vos muitas vezes.

Um ruído de passos e de vozes o impediu de continuar e veio a tempo de esconder a perturbação de Giovana. Aproximava-se uma cerimônia fúnebre. Uma salmodia lúgubre elevava-se aos ares. A jovem chamou pela aia, mas, antes de se apartar, fez um sinal amigável a Maurício e atirou-lhe estas palavras:

— Até depois!

O mancebo acompanhou-a com o olhar até seu vestido branco desaparecer no ângulo da alameda.

A admiração que se tinha despertado no espírito de Maurício, em seu primeiro encontro com Giovana, ia aumentando à medida que melhor aprendia a conhecê-la. Essa impressão, porém, pouco a pouco se transformava num sentimento inteiramente diferente. Após cada uma de suas entrevistas com ela, sentia-se, segundo ele mesmo dissera, melhor, mais atraído para o bem, mais meigo para com os seus semelhantes. A potência imperiosa que irradiava ao redor de Giovana envolvia-o e fazia evaporar o que havia de dureza, de glacial em sua alma. Uma força atrativa, invencível, prendia-o a ela. Uma espécie de embriaguez subia-lhe ao cérebro ao ouvir apenas o som da sua voz. Maurício amava. Amava com ardor juvenil, com entusiasmo dum coração que fala pela primeira vez. Cada dia descobria em Giovana uma nova perfeição. Todos que a conheciam, todos esses humildes campônios a quem ela tinha socorrido, não apregoavam suas virtudes?

E como, a despeito de sua doçura e modéstia, mostrava-se ela superior a todas as jovens de sua idade! Maurício tinha visto de perto as senhoritas da grande cidade lombarda, conhecia as filhas do lugar. Em parte alguma encontrara quem a igualasse. Tinha visto na maior parte delas a vaidade, o desejo de brilhar, de dominar. Sem dúvida, entre as que tinha encontrado, havia criaturas sedutoras, donzelas capazes de fazer um esposo feliz, mas nenhuma tinha essa simplicidade unida a um ar nobre e doce, esse não sei quê sobre-humano, essa flama quase divina que se refletia nos olhos de Giovana, conquistando os corações e desterrando, dos que se lhe aproximavam, todo o pensamento baixo ou impuro. Não era, pois, uma coisa maravilhosa ouvi-la, aos dezoito anos, falar com tanta convicção das grandes leis ignoradas pelo homem, penetrar os tenebrosos mistérios da vida e da morte, reconfortar os indecisos, a todos mostrar o dever? Eis o que Maurício dizia a si mesmo depois da entrevista do cemitério, quando a imagem de Giovana preocupava o seu espírito. Repassava na memória todos os incidentes que de si a haviam aproximado. Tornava a vê-la como lhe aparecera em dia de festa, na igreja de Gravedona, mergulhada em sua prece, enquanto que em volta dela tudo era motim, movimento de cadeiras removidas, farfalhar de estofos sobre ladrilhos. E de tudo isso, lembranças, pensamentos, secretas esperanças, desprendia-se um sonho delicioso, sonho de amor e de felicidade, que ele acariciava silenciosamente no fundo de sua alma.

V

Maurício, nas suas errantes correrias, tinha encontrado algumas vezes Luísa, a velha aia. Tendo sabido granjear sua amizade, dela adquiriu a certeza de que seria bem acolhido na casa dos Speranzi e para lá foi um dia. Quem, conhecendo o misantropo advogado, tivesse podido nele ler, bem surpreendido ficaria da emoção que experimentava. O passo que ia tentar não destruiria ou realizaria suas esperanças? Foi muito bem recebido pela tia de Giovana, que, abatida pela idade e pela doença, sentia chegada a ocasião de dar um amparo natural, um marido à sua sobrinha. Autorizou Maurício a repetir as visitas, o que ele fez frequentemente. Começaram então para os jovens esses entretenimentos prolongados, essas conversas no terreno que domina o lago, durante as quais suas almas se expandiam em mútuas confidências. Maurício contava sua vida, sua triste vida de filho sem mãe. Depois, os desapontamentos, os desânimos de sua mocidade. Abria, como se o estivesse rasgando, o coração a Giovana. Ela consolava-o, confiava-lhe seus sonhos tão cândidos, tão puros como os dos anjos.

Esses dois seres, mais e mais se aproximando, aprendiam ainda mais a se amarem. Mil vínculos secretos se formavam, enlaçando-os, unindo-os em estreitas e potentes malhas.

O dia em que, segundo os usos da nobre Itália, deviam ser celebrados os esponsais logo foi marcado, e tudo se preparou para essa festa íntima, na qual deviam tomar parte dois ou três velhos amigos. Na véspera desse dia, Maurício foi cedo encontrar-se com Giovana.

Depois da refeição da tarde, os dois jovens dirigiram-se para a chapada, donde suas vistas podiam descortinar um magnífico horizonte. Assentaram-se silenciosos debaixo de um bosque de laranjeiras. Luísa conservava-se um pouco distante.

A noite aproximava-se lentamente, estendia sobre o lago seu véu escuro, espalhava um tom uniforme sobre os campos de oliveiras, sobre as vinhas, sobre os bosques de castanheiros, sobre as cidades e aldeias. Enquanto a sombra invadia os vales, os cumes, as colinas, avermelhados pela púrpura do Sol cadente, pareciam outros tantos focos de incêndio. A noite pouco a pouco se adiantava. Seus sombrios traços distenderam-se sobre os píncaros dos montes. Um sem-número de luzes iluminaram as janelas das casas e das choupanas. As trevas envolveram inteiramente o lago e seu panorama de montanhas, mas, lá para o norte, os raios do dia, que declinava, ainda coloriam de um modo fantástico os colossos dos Alpes. Como um exército de gigantes em linha de combate, o Bermina, o Stella, o Monte d'Oro, o Disgrazia e outros vinte picos apontavam para o céu suas orgulhosas cristas coroadas de neve, sobre as quais o Sol, antes de desaparecer no Ocidente, lançava seus amortecidos raios. A noite tentava apagá-las, mas eles iluminavam ainda. Por fim, a escuridão tudo avassalou. Extinguiram-se os últimos clarões. Triunfava a noite: solitária, ela ia reinar até a aurora.

Nesse momento, um concerto argentino elevou-se aos ares. Em todas as aldeias tocavam os sinos. Era a hora das ave-marias, da oração da tarde, o sinal que desperta em todos, no pescador do lado, no lenhador da floresta, no pastor da montanha, o pensamento de Deus. Giovana e Maurício, taciturnos, recolhidos, observavam esse majestoso espetáculo. Ouviam o som melancólico dos sinos, acompanhavam com o olhar as belas estrelas de ouro, emergindo das profundezas do céu, para subirem lentamente, em legiões compactas, ao zênite. A poesia dessa noite enchia suas almas. Seus lábios conservavam-se mudos, mas seus corações confundiam-se num êxtase profundo. Foi Maurício o primeiro que rompeu o silêncio.

— Giovana — disse ele —, pensaste algumas vezes nessas esferas luminosas que se movem no espaço? Perguntaste a ti mesma se elas são, como a nossa Terra, mundos de sofrimentos, habitados por seres materiais e atrasados, ou se o são por almas mais perfeitas e que vivem no amor e na felicidade?

— Muitas vezes — respondeu ela — tenho visitado esses mundos. Os protetores, amigos invisíveis, levam-me quase todas as noites para essas regiões celestes. Apenas fecho os olhos, um grupo de Espíritos, de compridas vestimentas flutuantes, de fronte resplandecente, cercam-me. Vejo minha própria alma que, semelhante a eles, se desprende de meu corpo e os segue. Rápidos como o pensamento, atravessamos então espaços imensos, povoados de uma multidão de Espíritos. Por toda parte, repercutem cânticos harmoniosos, duma suavidade desconhecida na Terra. Percorremos esses arquipélagos estelares, essas esferas longínquas, tão diferentes do nosso globo. Em vez de matéria compacta e pesada, muitos dentre esses mundos são formados de fluidos leves, de cores brilhantes. Enquanto os hóspedes da Terra arrastam-se penosamente pela superfície do seu planeta, os habitantes desses mundos, de corpos sutis, aéreos, facilmente elevando-se, adejam no espaço que os cerca. Eles agem sobre os fluidos leves e coloridos que constituem a atmosfera de seus planetas, dão-lhes mil formas, mil aspectos diversos.

"Palácios admiráveis, de colunatas imponentes, os inumeráveis pórticos, templos de zimbórios gigantescos, ornados de estátuas e cujas paredes transparentes deixam passar a vista. De toda parte, erguem-se construções prodigiosas, asilos da ciência e das artes, bibliotecas, museus, escolas magnificentes, sempre invadidas pela multidão. O ensino ali é dado sob a forma de painéis luminosos e mutáveis. A linguagem é uma espécie de música."

— E podes dizer-me quais são as necessidades corporais dos habitantes desses mundos?

— Eles não conhecem o frio nem a fome e quase que nem a fadiga. Sua existência é muito simples. Empregam-na em se instruírem, em estudarem o universo, em penetrarem suas leis físicas e morais. Rendem a Deus um culto grandioso e tributam em sua honra os esplendores de uma arte desconhecida aqui embaixo. Mas a prática das virtudes é, sobretudo, o seu objetivo. A miséria, as enfermidades, as paixões, a guerra são quase ignoradas nesses mundos. São moradas de paz, de felicidade, das quais não se poderia fazer ideia alguma em nosso globo de misérias e lágrimas.

— É, portanto, para aí que vão os homens virtuosos que deixam a Terra?

— Muitos graus há a transpor antes de se obter acesso a esses mundos. Eles são os últimos degraus da vida material, e os seres que os povoam, diáfanos e leves para nós, são ainda grosseiros e pesados, comparados aos Espíritos puros. Nossa Terra não é mais que um mundo inferior. Só depois de se ter aqui vivido um número de existências suficientes para completar sua educação e avançamento moral é que o Espírito a deixa para alcançar esferas cada vez mais elevadas e revestir um corpo menos sujeito aos males e a toda espécie de necessidades. A alma, depois de ter um número incalculável de vidas, sempre mais longas e ao mesmo tempo menos atribuladas, engrandecendo-se em ciências e em sabedoria, esclarecendo-se, progredindo sem cessar, abandona para sempre as esferas materiais e vai prosseguir no espaço o curso da sua ascensão eterna. Suas faculdades aumentam, ela se torna uma fonte inesgotável de caridade e de amor; compreende as leis superiores, conhece o universo, entrevê Deus. Porém, ai de mim! quão distantes estão de nós essas bem-aventuranças, esses gozos inefáveis! Para ganharmos essas alturas sublimes, é preciso que nós mesmos nos elevemos. Para isso Deus nos deu os meios. Ele quis que fôssemos os operários da nossa felicidade. Não está escrita em nossa própria consciência a lei do progresso? Não recuemos, portanto, diante das lutas, dos sacrifícios, diante de tudo que purifica, eleva e enobrece. Oh! se os homens quisessem saber! Se se dignassem procurar o verdadeiro fim da vida! Que horizontes se abririam diante deles! Como os bens materiais, esses bens efêmeros, lhes pareceriam miseráveis, como eles os rejeitariam para inclinarem-se ao bem moral, à virtude, que a morte não pode arrebatar e que só ela abre o acesso às regiões felizes!

Assim passavam-se as horas. Maurício embriagava-se com as palavras da jovem, porque essas palavras ensinavam-lhe coisas das quais os seus livros o tinham sempre deixado na ignorância. Era isso para ele como uma linguagem seráfica, revelando-lhe os mistérios de Além-túmulo, e, com efeito, Giovana, médium inspirada, era por sua vez o eco de uma voz sobre-humana que repercutia nas profundezas do seu ser.

Quase todos os dias iam assim conversando familiarmente através dos bosques perfumados, aquecidos pelos raios do Sol, abafados pelo vento, debaixo do profundo azul do céu. Algumas vezes embarcavam e deixavam-se deslizar docemente à mercê das correntezas do lago. Pouco a pouco, os rumores enfraquecidos vinham das margens e aí terminavam os seus ecos. Muito alto, no ar límpido, grandes aves de rapina descreviam zigue-zagues, peixes de escamas prateadas divertiam-se na água transparente. Então, tudo os convidava à distração, às doces efusões do coração. Impelida, porém, por uma força oculta para os assuntos graves, Giovana falava de preferência da vida futura, das Leis divinas, dos progressos infinitos da alma, de sua depuração pela prova e pelo sofrimento.

— A dor — dizia ela —, tão temida, tão repelida aqui embaixo, é na realidade o ensino por excelência, a grande escola em que se aprendem as verdades eternas. Só ela habilita o ser a desprender-se dos bens pueris, das coisas terrestres, a elevar-se para a felicidade. Sem as provas, o orgulho e o egoísmo, esses flagelos da alma, não teriam freio algum. Seu papel é depurar os Espíritos rebeldes, constrangê-los à paciência, à obediência e à submissão. O sofrimento é o grande cadinho de purificação. É necessário haver sofrido para condoer-se dos sofrimentos dos outros. A aflição nos torna mais sensíveis, nos inspira mais piedade para com os infelizes. Os homens deveriam abençoar a dor como o mais poderoso agente de progresso, de engrandecimento, de elevação. Por meio dela, a razão se fortifica, o juízo se esclarece, as enfermidades do coração deixam de existir. Mais elevada do que a glória, ela mostra à alma aflita a grande figura do dever erigindo-se imponente, augusta, iluminada pelos clarões do foco que não se extingue.

Essas revelações, essa voz encantadora, esses acordes eloquentes, inesperados, enchiam Maurício de espanto e admiração.

— Oh! Giovana — dizia ele —, fala ainda, fala sempre, caro e vivo eco de minhas esperanças, de minha fé, de minha paixão pelo justo e pelo verdadeiro. Fala! Tão feliz sou em te ouvir, em te contemplar! E, entretanto, sobressalto-me algumas vezes em recear que a nossa ventura venha a desaparecer repentinamente. Nossa felicidade nada tem de humana. Parece-me que o vento rígido da adversidade vai soprar sobre nosso sonho de amor. Uma voz secreta me diz que um perigo nos ameaça.

Debalde procurava a donzela banir esses receios.

— A aproximação de acontecimentos dolorosos — dizia ele — enche-me de uma vaga apreensão. A alma pode pressentir o futuro? Eis aí um problema dependente ainda de nossa inteligência e que não saberíamos resolver.

Segundo o que dissera Giovana, quem pode aqui embaixo prever o dia seguinte? Alegrias, riquezas, honras, amores loucos, afeições austeras, tudo passa, tudo desaparece das mãos do homem como se fosse uma areia finíssima. As horas amargas e angustiosas da vida podem tocar de perto as horas de ventura e de paz, mas é raro, quando as primeiras se aproximam, que não sejamos tocados por um sombrio prognóstico. Assim pensava Maurício. Essa conversação sobre a dor, dizia ele, não seria um presságio, uma espécie de aviso do Céu? Quando se separou de Giovana, uma penosa opressão apertava-lhe o coração. A noite para ele foi longa e de insônia. Mas os primeiros clarões da aurora baniram essas impressões e, quando, ao voltar para junto de sua estremecida, a viu cheia de graça, de jovialidade, de vida, preparada para os esponsais, seus últimos receios dissiparam-se como um nevoeiro matinal aos raios do Sol de agosto.

Giovana e Maurício tinham permutado os anéis consagrados. O dia da união chegara. Entregues à sua ventura, tudo para eles decorria rapidamente. Ignoravam que um terrível flagelo se aproximara, que seus estragos haviam despovoado as planícies lombardas e que o ar puro das montanhas seria impotente para detê-lo. Com efeito, que lhes importavam as notícias do exterior, os bulícios da Terra? O mundo para eles se resumia em um só ser: o ser amado! Seus pensamentos apenas frequentavam as regiões ultraterrenas.

Não cuidavam senão do seu amor, da vida que diante de si se abria tão bela, tão rica de promessas. A Vontade suprema, porém, ia deitar por terra todas essas esperanças. Depois de ter entrevisto uma felicidade ideal, Maurício devia recair na realidade sombria e desesperadora.

O tifo contagioso baixou às margens do lago: quase todos os habitantes de Gravedona e de Domaso foram atingidos sucessivamente. Alguns dias, apenas, haviam decorrido e já muitas casas ficavam vazias. A azulada fumaça não mais se elevava por cima dos telhados. O silêncio, esse silêncio terrível da morte ou do pavor, substituía a cadência do trabalho e das canções. Grandes cruzes brancas apareciam nas portas das cabanas desertas. A foice da morte ceifou muitas existências entre essas famílias de pescadores e de operários, mal vestidos, mal alimentados, de um asseio duvidoso, e que ofereciam fácil presa ao flagelo. Todos os dias, o sino da igreja tocava o dobre fúnebre e numerosos cortejos encaminhavam-se para o campo-santo.

A epidemia não poupou os Gerosi. Marta foi a primeira atacada, caindo doente, por sua vez, a filha. Todas as famílias, todas as habitações associadas pelo flagelo foram abandonadas. Os médicos eram em pequeno número. Nenhum cuidado se podia esperar, nem dos parentes, nem dos amigos. O insulamento, o sofrimento e a morte, eis o que podiam esperar aqueles a quem o contágio atacava.

As lamentações que ressoavam por toda parte e a tristeza geral arrancaram Giovana de seu sossego, de sua ventura. A voz imperiosa do dever levantou-se nela e dominou a voz do amor. Desprezando o perigo, surda às súplicas de Maurício, repartiu desde então o tempo entre os infelizes abandonados. Seu noivo, não podendo desviá-la do perigo, seguiu-lhe o exemplo. Giovana passou um mês inteiro à cabeceira dos moribundos. Muitos expiraram à sua vista. Marta e filha morreram, apesar dos desvelos. Ela assistiu-as até os últimos momentos, suportando com uma calma aparente o espetáculo de suas convulsões, respirando o hálito envenenado que se exalava de seus lábios. Tantas fadigas e emoções prostraram a jovem. Uma tarde em que, extenuada, voltava para casa com Maurício, ela teria caído desfalecida no caminho se o noivo não a tivesse amparado nos braços.

Ao chegar, teve de ir para o leito, e sintomas terríveis logo se manifestaram. Um círculo de fogo apertava-lhe as têmporas. Zunidos insólitos atordoavam-lhe os ouvidos, os calafrios acometeram-na, profundas olheiras rodearam-lhe os olhos. O mal fazia rápidos progressos. A vida de Giovana derretia-se como cera mole ao sopro das ardentias do flagelo. Desde o dia seguinte, a sombra da morte pairava em suas feições. Maurício, pálido, desalentado, conservava-se junto dela, apertando-lhe as mãos geladas. Aproximando os lábios da sua boca desbotada, pedia a Deus que lhe fizesse aspirar a morte num beijo.

Giovana respondia docemente aos seus carinhos. Seus olhos, já brilhantes dos clarões do Além, fixavam-se nele com uma expressão de calma, de serena doçura. Mesmo nesse momento solene, a despeito do sofrimento que lhe martirizava os membros, um sorriso resignado iluminava-lhe o semblante. Pela tarde, começou a agonia. Giovana agitava-se convulsamente, debatendo-se numa opressão dolorosa e implorando a Deus. A essas crises terríveis sucederam profundo abatimento, imobilidade semelhante à morte. Somente os lábios da jovem se moviam. Parecia conversar com os seres invisíveis. Às vezes também a ouviam murmurar o nome de Maurício. Um ligeiro aperto de mão, um último estremecimento, Giovana expirou. A alma desse anjo voltava para aquele que a havia formado.

Maurício, esmagado pela dor, parecia um embriagado. Suas lágrimas, não podendo rebentar, recaíam sobre o seu coração e o afogavam em ondas de um desespero feroz. Tendo anoitecido, colocaram-se círios acesos junto ao leito. Um crucifixo repousava no peito da morta, cujos cabelos louros, esparsos, formavam uma coroa de ouro em volta da cabeça pálida. Dos cantos da sala fizeram-se ouvir soluços meio sufocados. A tia, a velha aia de Giovana e algumas pessoas pobres para as quais tinha ela sido caritativa, oravam e choravam. Maurício aproximou-se da janela inteiramente aberta. Ironia da natureza! O disco brilhante da Lua iluminava planícies e montanhas, perfumes balsâmicos pairavam no ar, a corrente, precipitando-se pelas pedras, fazia ouvir seu alegre murmúrio ao qual respondia o rouxinol pendurado nos ramos altos. No seio da natureza tépida e perfumada, tudo era luz e cânticos, tudo celebrava a dita de viver, e ali, sobre o leito virginal, a meiga jovem dormia já o sono eterno! Assim pensava Maurício. Mil ideias sombrias, tumultuosas, avolumavam-se em seu cérebro como um vento de tempestade.

Que cruel Deus é esse que se diverte assim com o nosso coração! Ter mostrado a felicidade, ter feito tocá-la, para a arrebatar no mesmo instante! Pois quê! Esses sonhos dourados, esses sonhos mutuamente formados ficaram dissipados para sempre? Esse cadáver que ali jaz é tudo o que resta de Giovana?

Não mais a verei, não mais ouvirei a sua voz, não mais perceberei em seus olhos esses lampejos de ternura, que deliciosamente me reanimavam? Algumas horas ainda e dela nada mais ali haverá, nada mais que uma saudade, saudade despedaçada, penetrante como um alfanje na alma ulcerada? Não mais excursões diárias pelo vale, não mais passeios pelo lago à brilhante luz do dia, não mais conversações na chapada, à suave claridade das noites? Estava triste, abatido, quando a conheceu. Como um raio, seu olhar havia-lhe iluminado a vida, e eis que de súbito tudo se extinguira. Agora se havia acabado. Sua vida estava encerrada, não mais haveria sonhos alegres, não mais haveria esperança. O vácuo, a solidão horrorosa, as trevas formavam-se em volta dele.

Como o coração batia precipitadamente em seu peito, como sua testa queimava! Um peso esmagador fazia-lhe pender a fronte e curvar os joelhos. E chamava pela morte, desejando-a ardentemente.

Vem — dizia ele —, leva-me com ela, envolve-nos na mesma mortalha, deita-nos na mesma cova, que a mesma lousa nos encubra!

Porém, não, ela estava morta e ele tinha de viver. Que abismo se abria diante de seus passos! E nessa alma estourava a revolta contra o implacável destino.

Evocando as recordações de sua vida, desde os tristes anos de sua infância, Maurício via passar como num turbilhão as ilusões dissipadas, as alegrias tão curtas, tão depressa desvanecidas, as felicidades efêmeras da sua mocidade. Todas as sombras, todas as inquietações do passado subiam, como onda amarga, do fundo de sua memória, submergindo nele as derradeiras esperanças. Em seu lugar ficava uma profunda sensação de insulamento e de abandono. Todos os que amara tinham partido: sua mãe, quando era ele apenas uma criança, depois, seu pai e, agora, era Giovana. Tudo o que havia alegrado sua existência, tudo o que havia feito bater seu coração ia resumir-se em três sepulcros.

Oh! — murmurava ele — Ser invisível que te ris de nossas lágrimas, não nos fazes, pois, viver senão para torturar-nos? Entretanto, eu não pedi para nascer. Por que me tiraste do nada, onde se dorme, onde se repousa, onde não se sofre?

A aurora com seus pálidos clarões veio iluminar o triste aparato da morte. Giovana foi colocada no caixão, e, à chegada do padre, efetuou-se a partida para o cemitério. Semelhante a um autômato, Maurício acompanhou o féretro que ficou coberto de ramos, de rosas brancas e foi conduzido por donzelas de Gravedona. Mergulhado em dor, nada viu do cerimonial fúnebre da igreja, nem mesmo ouviu as lúgubres salmodias. O rumor surdo da terra, caindo sobre as tábuas do caixão, chamou-o a si finalmente.

Retirados os assistentes, entulhada a cova, achou-se sozinho diante da sepultura da noiva. Então, seu coração despedaçou-se. Ele se lançou por terra, estendendo os braços em cima da morta. Um soluço avolumou-lhe o peito e uma torrente de lágrimas correu-lhe dos olhos...

VI

Chegara o inverno. Nuvens espessas passam rapidamente no céu, o vento sopra rugindo sobre as colinas desnudas e faz redemoinhar os montões de folhas secas. Maurício, sozinho, vestido de luto, está assentado junto ao fogão, que aquece seu pequeno aposento, dominando o lago. Diante dele está um livro aberto, mas não o lê. Sombrios pensamentos acometem-no. Pensa naquela que lá repousa na terra gelada e presta atenção aos gemidos do vento norte, que chora como legião d'almas em sofrimento. Às vezes, levanta-se e vai contemplar por dentro da vidraça a toalha pardacenta das águas e o horizonte cujas tintas cor de chumbo se harmonizam com o estado do seu espírito. Depois, lançando mão de um cofre de madeira lavrada, abre-o e dele tira flores secas, um laço de fita e joias de mulher. Leva aos lábios essas relíquias de amor. O passado evocado desperta-se-lhe na memória. Horas sucedem-se às horas. Maurício lá está, meio inclinado sobre esse fogo que crepita e cuja fumaça se espalha na atmosfera úmida. Sonha a felicidade que fugiu, as esperanças perdidas. O desânimo de novo se apodera dele. O desgosto da vida, esse desgosto amargo de outrora, o invade novamente. Ideias de suicídio germinam no íntimo do seu pensamento. Anoitece e o fogo vai-se extinguir. Maurício, porém, compraz-se nessa obscuridade cada vez mais completa. Um farfalhar faz-se ouvir atrás de si. Volta-se e nada vê. Foi sem dúvida o barulho do vento ou os passos da criada no quarto próximo. Perto da chaminé há um piano, cujas teclas estão mudas desde muito tempo. De repente, escapam-se sons desse móvel hermeticamente fechado. Confuso, de surpresa, Maurício presta atenção. Essa música é muito sua conhecida, é uma ária de Mignon, a predileta de Giovana e que ela gostava de tocar à tarde, depois do jantar. O coração de Maurício confrange-se, seus olhos se umedecem de lágrimas. Levanta-se e rodeia o piano: ninguém! O banco está vazio. Volta para o seu lugar. Será uma ilusão dos sentidos? Uma sombra branca ocupa a poltrona que ele havia deixado. Tremendo, aproxima-se.

Esses olhos, esse olhar límpido, esses cabelos louros como espigas maduras, essa boca sorridente, esse talhe esbelto, alto, é a imagem de Giovana. Oh! magia! Então o túmulo restitui os seus hóspedes! Uma voz vem acariciar-lhe os ouvidos:

— Amigo, nada receies, sou eu mesma, não tentes tocar-me, não sou mais que um Espírito. Não te aproximes mais, escuta-me.

Maurício ajoelha-se, chora:

— Ó meu anjo, ó minha noiva, és tu, então?

— Sim, sou tua noiva, tua muito antes desta vida. Escuta, um laço eterno nos une. Nós nos conhecemos há séculos, temos vivido lado a lado sobre muitas plagas, temos percorrido muitas existências. A primeira vez que te encontrei na Terra, era eu bem fraca, bem tímida e a vida então era dura. Tu me tomaste pela mão, me serviste de apoio. Desde esse momento, não nos deixamos mais. Sempre seguíamos um ao outro em nossas vidas materiais, andando no mesmo caminho, amando-nos, sustentando-nos um ao outro. Metido em combates, em empresas guerreiras, tu não podias realizar os progressos necessários para que teu Espírito livre, purificado, pudesse deixar este mundo grosseiro. Deus quis experimentar-te: separou-nos. Eu podia elevar-me para outras esferas mais felizes, enquanto que tu devias prosseguir sozinho a tua prova aqui embaixo. Preferi, porém, esperar-te no espaço. Efetuaste duas existências desde então e, durante seu curso, testemunha invisível de teus pensamentos, não cessei de velar por ti. Cada vez que a morte arrancava tua alma à matéria, tu me reencontravas e o desejo de te elevares fazia-te retomar com mais ardor o fardo da encarnação. Dessa vez eu também pedi, tanto supliquei ao Senhor, que ele me permitiu voltar à Terra, tomar aí um corpo e ser uma voz para ensinar-te o bem, a verdade. Nossos amigos no espaço nos aproximaram, nos reuniram, mas por um tempo limitado. Eu não podia ficar mais tempo neste planeta: meu papel estava preenchido. Não devia ser tua aqui na Terra.

"Chegou a hora em que os Espíritos podem, segundo a permissão divina, comunicar-se com os humanos. Assim, eu torno a vir para guiar-te, encorajar-te, consolar-te. Se queres que esta existência terrestre seja a última para ti, se queres que ao sair dela sejamos reunidos para nunca mais nos separarmos, consagra tua vida a teus irmãos, ensina-lhes a verdade. Dize-lhes que o fim da existência não é adquirir bens efêmeros, mas esclarecer a inteligência, purificar o coração, elevar-se para Deus. Revela-lhes as grandes leis do universo, a ascensão dos Espíritos para a perfeição. Ensina-lhes as vidas múltiplas e solidárias, os mundos inumeráveis, as humanidades irmãs. Mostra-lhes a harmonia moral que rege o Infinito.

"Deixa após ti as sombras da matéria, as más paixões. Dá a todos o exemplo do sacrifício, do trabalho, da virtude. Tem confiança na divina Justiça. Fita a todo o momento a luz longínqua que ilumina o alvo, o alvo supremo, que deve reunir-nos no amor, na felicidade.

"Põe mãos à obra sem tardança. Nós te sustentaremos, nós te inspiraremos. Estarei junto de ti durante a luta, envolver-te-ei com um fluido benéfico. Assim como nesta tarde, tornar-me-ei novamente visível a teus olhos, revelar-te-ei o que ignoras ainda. E um dia, quando tudo que há em ti de material e ínfimo se tiver dissipado, unidos, confundidos, nos elevaremos juntos para o Eterno, juntando nossas vozes ao hino universal que sobe de esfera em esfera até Ele."

* * *

Encontrei Maurício Ferrand, faz alguns anos, em uma grande cidade, além dos Alpes. Havia começado a sua obra. Pela pena, pela palavra, trabalhava para derramar a doutrina conhecida pelo nome de Espiritismo. Os sarcasmos e zombarias choviam sobre ele de todas as partes. Céticos, devotos, indiferentes uniam-se todos para o abaterem. Ele, porém, calmo, resignado, não perseverava menos em sua tarefa.

— Que me importa — dizia — o desdém desses homens? Dia virá em que as provas os obrigarão a compreender que esta vida não é tudo e pensarão em Deus, em seu futuro esplendoroso. Pode ser que então se recordem do que lhes digo. A semente neles lançada poderá germinar. E, além disso — acrescentou, fitando o Espaço e uma lágrima brilhou em seus olhos —, o que eu faço é para obedecer àqueles que me amam, é para aproximar-me deles.

Índice geral[26]

A

Acaso
   harmonia da Terra e – 22

Alma
   apresentação da * a si própria – 51, nota
   colheita, plantação e – 51, nota
   conceito de – 41
   crença na existência única da – 90
   descoberta da harmonia universal e – 26
   característica do período do egoísmo e – 91
   características da * impura – 55
   Deus e criação da – 95
   diferença entre a * encarnada e desencarnada – 50
   dor e educação da – 89
   egoísmo e impureza da – 56
   encontro da * impura com a alma egoísta – 56, nota
   entrada de Deus em nossa – 54
   Espiritismo e queda da * na animalidade – 84
   estado da * depois da morte – 48, 49
   existência do mal e * perversa – 59
   flagelos da – 119
   forma da – 39
   futuro da * depois da morte – 47
   Igreja e crença na existência única da – 90
   Lavater e estado da * depois da morte e – 48
   libertação do jugo da matéria e – 32
   manifestação da presença da – 38
   méritos e deméritos da – 32
   modificação e fortalecimento da – 29
   mundo material e percepção da * desencarnada – 50
   origem das tendências particulares e – 52
   perispírito e – 39
   pluralidade das existências da – 85
   preconceito e manifestação da – 40
   primeiras existências terrestres e – 91
   progresso infinito e – 41
   provas da existência e da imortalidade da – 37
   purificação da – 30, 51
   renascimento e – 91
   simpatia da * impura por uma alma pura – 55
   sonambulismo e percepção da – 51, nota
   sorte da * depois da morte – 56

Amizade
   motivo da * ou repugnância instintiva – 113

---

[26] Remete ao número da página.

Amor
    alcance da luz do – 77
    comunicação íntima e ausência de – 76
    consequência do desaparecimento do – 74
    estado de felicidade e – 74
    formas de manifestação do – 60
    Jesus e – 60
    motivo de atração do Espírito
        bem-aventurado e – 77
    purificação pelo instinto do – 60
    recompensa do – 79
    regulador da relação com os Espíritos e – 79
    vida e – 75

Antiguidade
    crença nos Espíritos e – 76, nota
    Pitágoras, gênio da – 88

Antipatia
    fluidos perispirituais e – 77, nota

Aparição
    Gênese, A, e – 60, nota
    Giovana Speranzi e – 124

Atração universal
    demonstração da – 38

Auréola
    essência da * dos santos – 65
    formação da * dos santos – 74

B

Bem
    atração dos Espíritos pela
        necessidade do – 52
    discernimento entre o * e o mal – 66, nota

Bernard, Claude
    profecia de – 96

Borboleta
    Espírito desencarnado e
        analogia com a – 65

C

Calamidade
    respostas da Igreja Católica sobre – 90

Calderone, G.
    cartas com ideias sobre reencarnação e – 86

Canonico, Tancredi, Sr.
    carta de * sobre a crença na
        reencarnação – 87, 88, nota

Cardan, Jerônimo
    gênio familiar e – 40

Caridade material
    exemplo de – 104

Ceticismo
    transformação do * em fé raciocinada – 93

Céu e o Inferno, O,
    estado de perturbação do
        Espírito e – 51, nota
    necessidades do Espírito depois
        da morte e – 53, nota
    sonambulismo e – 51, nota
    sonhos e – 64, nota

Ciência
    afastamento do mal e – 43
    Espiritismo e – 44
    impotência da – 43, 44
    inexistência da * por excelência – 43

Clemente, padre grego
    reencarnação e – 85

Concílio de Calcedônia
    motivo da rejeição do – 85

Concílio de Constantinopla (quinto)
    motivo da rejeição do – 85

Consciência
    homem e voz da – 13
    julgamento e – 33
    lei do progresso e – 118

Corpo espiritual *ver* Perispírito

Corpo humano
    alma, motor do – 20
    características do – 20
    separação do * e do Espírito – 50, nota

Coubé, cônego
    ataques ao Espiritismo e – 93

contradição e – 89, 93
ideia de justiça e – 89
lembrança das resoluções tomadas e – 92
L'Idéal, revista católica, e – 83
opinião do * sobre a reencarnação – 84
palingenesia, reencarnação e – 83, 87
tática habitual do – 84
teoria do inferno e – 94

Cristianismo
ensinos do Espiritismo e – 42, 85

Cristo *ver* Jesus

Crookes, William
descoberta da matéria radiante e – 38
fenômenos espíritas e – 38
membro da Sociedade Real
   de Londres e – 38

D

Dança das mesas
leis do Universo e – 38

Degradação
significado da palavra – 75

Destino
fé do homem no – 35
homem e seu – 13, 15, 16

Deus
aproximação de – 54
atributos de – 23
conceito de – 21, 41
criação das almas e – 95
definição de – 56, nota
entrada de * em nossa alma – 54
existência de – 13
homem, espelho do universo e de – 64
homens de seita e – 21
Igreja e revoltas contra – 97
lei de amor e – 112
objetividade das obras de – 94
pensamento do homem e – 21
potências do universo e – 21
princípio inteligente e – 21
prova da existência de – 23
prova da misericórdia de – 78
reencarnação e justiça de – 90

religiões e – 21
revolta contra – 98
tarefa de Satanás e – 95
vontade diretriz e – 68, nota

Direito
leis morais e * soberano – 24
universalidade do – 14

Dor
agente do progresso e – 119
educação das almas e – 89
escola da – 29, 118
expiação e término da – 29, 89
função da – 29
império da * física – 95
necessidade e utilidade da – 29
orgulho, egoísmo e – 29
utilidade da – 29

Doutrina das vidas sucessivas
   ver Espiritismo

Doutrina espírita *ver* Espiritismo

Doutrina religiosa
materialismo e – 15

E

Edmonds, presidente do Senado
fenômenos espíritas e – 38
Educação
transformação da vida social pela – 93

Egoísmo
característica do período do – 91
compreensão e – 16
homem e compreensão do – 16
impureza da alma e – 56
liquidação do * acumulado – 91
origem do sofrimento e – 56
prova, freio para o – 159
purificação das máculas do – 56, 79
sentimento moral e combate ao – 56

Eletricidade
descoberta da – 44

Escola de Alexandria
reencarnação e – 114

Escola Politécnica
    De Rochas, diretor da – 39

Espiritismo
    acolhimento das experiência e – 38
    apoio ao aparecimento do – 42
    Ciência e – 44
    concordância das cartas de Laváter e – 48
    consequências da compreensão e
    prática do – 44
    Cristianismo primitivo e – 85
    descobertas da Física e da Química e – 95
    ensinos do – 42
    Espanha e – 39
    Estados Unidos da América do Norte e – 39
    Europa e – 39
    filosofia do – 95
    finalidade do – 66, nota
    homens de gênio e – 38
    João Gaspar Laváter, precursor
    do – 49, nota; 50, nota
    Maurício Ferrand e divulgação do – 125
    mensagem do – 44
    missão do – 44
    necessidades morais da humanidade e – 40
    ocasião propícia ao aparecimento do – 43
    oposição ao materialismo e – 40
    ordem e justiça no Universo e – 96
    princípios do – 41
    queda da alma na animalidade e – 84
    Religião e – 96
    Rússia e – 39

Espírito
    ambiente do * das trevas – 76
    ambiente do * do bem – 76
    amor, regulador da relação com o – 79
    Antiguidade e crença na
    existência do – 76, nota
    atração do * pela necessidade do bem – 52
    Céu e o Inferno, O, e estado de
    perturbação do – 51, nota
    Céu e o Inferno, O, e * depois
    da morte – 53, nota
    comunicabilidade e – 41
    estado de adiantamento do – 59
    estado do * no sonambulismo – 50, nota
    estados sutis da matéria e – 96
    influência do * sobre o médium – 50, 76
    invocação do * da rainha Maria Stuart – 93
    liberdade moral do – 56
    matéria e – 19, 20
    médium, afinidade e – 65
    motivo de atração e afastamento do – 74
    motivo do sofrimento do – 95
    origem da comunhão do * com o
    homem – 75
    processo de manifestação do – 39
    qualidades necessárias à comunicação
    do * com o homem – 74
    separação do * e do corpo físico – 50, nota
    sofrimento do * na vida espiritual – 95
    sofrimento material e – 95

Espírito adiantado
    necessidades experimentadas
    pelo – 53, nota
    Espírito bem-aventurado condição
    para comunhão íntima e – 77
    motivo de atração do – 77

Espírito bom
    atração do * pela necessidade do bem – 52
    motivo de afastamento do – 77, nota
    motivo de atração do – 79
    recepção do – 59

Espírito degradado
    motivo de atração do – 76

Espírito desencarnado
    carta de – 63, 64, 68, 74
    estado atual e – 65
    meio de comunicação do – 50, nota
    modo de percepção do – 65
    poder de amar e – 65
    resposta ao pensamento humano e – 66

Espírito inferior
    condenação e – 53
    felicidade e – 53
    inspiração e – 66, nota
    ocupação útil e – 52, nota
    Espírito impuro
    luz santa e – 65
    presença do * diante do
    homem de bem – 55

Espírito mau
    motivo de atração do – 77, nota

Espiritualismo experimental
  ver Espiritismo

Eterna sabedoria *ver* Deus

Evangelho
  reencarnação e textos do – 85

Expiação
  lembrança das faltas e – 30, 31
  término das dores e – 30

F

Família
  causa da desigualdade na – 17

Fauvety, C.
  fenômenos espíritas e – 38

Fé
  desaparecimento da – 44
  felicidade e – 73
  homem e * no destino – 35
  transformação do ceticismo
    em * raciocinada – 93

Felicidade
  amor e estado de – 74
  conquista da * futura – 73
  Espírito inferior e – 53
  fé e – 73
  subordinação da * dos Espíritos – 74, 79

Fenômeno espírita
  atitude da imprensa diante do – 39
  crítica e – 38
  estudo e – 37
  existência e imortalidade da alma e – 37
  inteligência e – 42
  Jerônimo Cardan e – 40
  Joana d'Arc e – 40
  sábios e – 38
  Saul e – 40
  Sócrates e – 40
  Tasso e – 40
  transformações sociais e – 38

Fenômeno psíquico
  condição para obtenção do – 39

Féodorawna, Maria, imperatriz
  benfeitora da humanidade e – 47
  cartas de João Gaspar Laváter e – 47

Ferrand, Maurício
  divulgação do Espiritismo e – 125
  encontro de Giovana Speranzi com – 109
  estudos filosóficos e – 106
  interesse pelas dores alheias e – 110
  Luísa, velha aia de – 115

Filosofia
  espiritualização da – 93
  reencarnação e – 88

Física
  Espiritismo e descobertas da – 95

Flagelo
  tifo, aproximação de terrível – 120

Flammarion, Camille
  fenômenos espíritas e – 38

Fluido perispiritual
  antipatia e – 77, nota
  simpatia e – 77, nota

Fluido vital
  médium e – 39

Futuro
  passado e – 27
  receio do – 54

G

Galileu
  movimento da Terra e – 38

Gênese, A,
  fenômenos de aparição e – 60, nota

Gerosi, Pietro
  desencarne de – 103
  Marta, esposa de – 103

Gibier, Paul, Dr.
  fenômenos espíritas e – 38

Giovana
  título de novela espírita e – 101

Grande Arquiteto dos mundos *ver* Deus

Guerra
    expiações e vítimas da – 91

H

Homem
    amor a justiça e – 16
    causa das provações do – 25
    comportamento do * diante da morte – 32
    comportamento do * diante
        da necessidade – 32
    compreensão do egoísmo e – 16
    condição para melhoramento do – 25
    conhecimento do destino e – 13, 15, 16, 25
    desigualdade das existências do – 16
    desprendimento das coisas terrenas e – 36
    dever do – 15
    esclarecimento do futuro e – 25
    espelho do universo e de Deus e – 64
    existência de Deus e – 13
    fé do * no destino – 35
    fortalecimento do * prudente – 33
    gozos sensuais e elevação do – 29
    ideal do – 15
    indagações à natureza e – 11
    indiferença, ceticismo e – 11
    lei do – 16
    missão do – 25, 35, 36
    liberdade e * ignorante e vicioso – 14
    livre-arbítrio e – 75, nota
    luz invisível aos mortais e * bom – 65
    necessidade do – 13
    origem da comunhão dos Espíritos e – 75
    origem do – 20
    origem dos princípios do – 19
    paixão do * pelo progresso – 16
    participação do * na lei de progresso – 35
    perspectiva do nada e – 16, 17
    possibilidade de relação íntima e – 75
    problemas do – 13
    poder de amar e – 65
    qualidades necessárias à
        comunicação com o – 75
    reencarnação, estímulo para a
        marcha ascendente do – 88
    razão de ser do universo e – 13
    recursos morais e – 42
    salvação do – 29
    silêncio e recolhimento do – 13
    sistemas preconcebidos e – 13
    situação do * de bem – 77
    solidariedade entre as existência do – 27
    véu da morte e – 13
    voz da razão e da consciência e – 13

Homem-Jesus
    ponto luminoso de atração e – 76

Humanidade
    composição da – 90
    desenvolvimento da – 91
    Espiritismo e necessidades morais da – 40
    história da – 30
    Maria, imperatriz, benfeitora da – 47
    motivo do extravio e erro da – 95
    princípios que engrandecem a – 19
    sofrimento e morte pela – 33
    Terra, nutriz da – 22

I

Ideia inata
    passado e – 32

Igreja católica
    calamidades e respostas da – 90
    crença na existência única da alma e – 90
    diferenças nas condições da
        vida espiritual e – 98
    ensino da verdade em toda
        a plenitude e – 97
    reencarnação e – 83, 86
    resumo da obra da – 97
    revoltas contra Deus e – 97
    vida futura, destino do homem e – 87

Imortalidade
    provas da existência e * da alma – 37
    perspectivas da – 16, 27

Inferno
    cônego Coubé e teoria do – 94
    localização do – 30
    razão, equidade e crença no – 89
    temor do – 88

Influência espiritual
    acolhimento, rejeição e – 59, nota

Inspiração
  mecanismo da – 66, 78
  origem da – 66, nota

J

Jacó
  legiões de anjos e – 76

Jesus
  amor todo-poderoso e – 71
  aparição e visão de – 67
  cego de nascença e – 85, nota
  colóquio de * com Nicodemos – 85, nota
  descrição da visão de – 68
  diferentes formas de apresentação de – 61
  exemplo de amor e – 60
  Maria Madalena e aparição de – 60, nota
  Paulo e aparição de – 61
  ressurreição e – 61

Joana d'Arc
  fogueira e – 33
  vozes de – 40

Judas Iscariotes
  Espíritos impuros e – 76

Judeus
  crença na reencarnação e – 85

Justiça
  cumprimento da * divina – 112
  direito soberano e – 14
  dor e expiação na – 89
  homem e amor à – 16
  lei da reencarnação e – 30

sofrimento e * divina – 94

L

Laváter, João Gaspar
  1ª carta de – 49
  2ª carta de – 53
  3ª carta de – 59
  4ª carta de – 63
  5ª carta de – 67
  6ª carta de – 73

carta sobre a vida futura e – 80
cartas autógrafas e – 47
comunicação da alma depois da morte e – 47
Espiritismo e concordância das cartas de – 48
estado da alma depois da morte e – 48
Maria Féodorawna, imperatriz, e cartas de – 48
precursor do Espiritismo e – 65, nota

Lei de afinidade
  gozo, sofrimento e – 63

princípio da aplicabilidade da – 63

Lei de atração
  aplicação da – 51

Lei de progresso
  ascensão e – 29
  participação do homem e – 35

Lei divina
  aplicação individualizada da – 63

Lei do progresso
  consciência e – 118

Lei moral
  conhecimento da – 14

direito soberano e – 14

Liberdade
  coação, autoridade e – 14
  desejo de – 14
  homem ignorante e vicioso e – 14
  obras humanas e – 14
  L'Idéal, revista católica
  Coubé, cônego, e – 83

Livre-arbítrio
  homem e – 75, nota

Livro dos espíritos, O
  leis do mundo espiritual e – 68, nota
  meio de comunicação do Espírito desencarnado e – 50, nota
  perispírito e – 50, nota

Livro dos médiuns, O
  mediunidade e – 66, nota

Lombroso
    contestação dos fenômenos espíritas e – 38

Luísa
    velha aia de Maurício e – 115

Luz
    alcance da * do amor – 77
    atração pela – 75, nota
    características da – 75
    grau de sensibilidade e recepção da – 75
    necessidade da – 14

M

Madalena, Maria
    aparição de Jesus e – 60, nota

Mainage, padre
    opinião do * sobre o Espiritismo – 94

Makariosenagape
    comunicação do Espírito – 68-71, nota

Mal
    alma perversa e existência do – 59
    Ciência e afastamento do – 44
    discernimento entre o bem e o – 66, nota
    origem do * da época – 15
    suicídio e término do – 43

Manifestação material
    importância da – 42

Marta
    Pietro Gerosi, esposo de – 103
    recuperação da saúde e – 110

Matéria
    características da – 20
    descoberta da * radiante – 38
    espírito e – 19, 20
    estados sutis da – 96
    planetas felizes e império da – 42
    reino da * na Terra – 26

Materialismo
    consciência humana e peias do – 93
    doutrina religiosa e – 16
    Espiritismo e oposição ao – 40

Materialista
    desigualdade na família e – 17

Mazzini
    reencarnação e – 88

Médium
    Espírito, afinidade e – 66
    fluido vital e – 39
    influência do Espírito sobre o – 66
    conceito de – 66
    fluido vital e – 39
    função do – 66
    recepção da luz santa e – 65

Mediunidade
    desenvolvimento da – 39
    Livro dos médiuns, O, e – 66, nota
    mecanismo da – 66

Metempsicose
    conceito dos antigos e – 83

Miséria
    provas da – 32
    suicídio e – 32

Montal, monsenhor de, bispo de Chartres
    reencarnação e – 86

Moral
    Doutrina Espírita e – 88

Morte
    Céu e o Inferno, O, e necessidades do
        Espírito depois da – 53, nota
    comportamento do homem diante da – 33
    conceito de – 41
    destemor e – 40
    estado da alma depois da – 48, 49
    estado de perturbação do
        Espírito e – 51, nota
    futuro da alma depois da – 47
    gauleses e desprezo pela – 37
    homem e véu da – 13
    libertação e – 33
    penas e gozos depois da – 63
    problemas da vida e da – 13
    reaparecimento do passado após a – 32
    separação do Espírito e do corpo
        físico e – 50, nota
    sinistro aparato e – 33

sorte da alma depois da – 56
término da vida e – 16
véu da morte – 13

Mundo
formação e extinção do – 36
habitabilidade do * por sociedades humanas – 22

Mundo dos Espíritos *ver* Mundo espiritual

Mundo espiritual
admissão de vícios e – 53
comprovação da existência do – 39
comunicação entre o * e o mundo material – 76, nota
desconhecimento do – 49, nota
homem e poder de amar no – 65
leis do – 68, nota

Mundo invisível *ver* Mundo espiritual

Mundo material
comunicação entre o * e o mundo espiritual – 76, nota
percepção da alma desencarnada e – 65, nota

N

Natureza
indagações do homem à – 13
problemas da – 22

Nicodemos
colóquio de Jesus com – 85, nota

Nicolau de Cusa, cardeal
pluralidade das existências da alma e – 86
pluralidade dos mundos habitados e – 86

Novo espiritualismo *ver* Espiritismo

Nus, Eugène
fenômenos espíritas e – 38

O

Ódio
liquidação do * acumulado – 91
motivo de * ardente – 43

Oração
efeito da – 77

Orgulho
prova, freio para o – 119

Orígenes, padre grego
motivo da condenação de – 85
reencarnação e – 85

P

Palingenesia
Coubé, cônego, e – 83
reencarnação e – 83

Passado
causa do esquecimento do – 113
expiação e esquecimento do – 31
futuro e – 27
ideias inatas e – 32
morte e reaparecimento do – 32
reconstituição do – 31

Passavalli, monsenhor
carta do * sobre reencarnação – 86

Paulo de Tarso
aparição de Jesus e – 61

Pena eterna
loucura mística e – 94
renúncia dos teólogos à teoria da – 94

Pensamento
consequência do * elevado – 74
deduções do – 14
Deus e * do homem – 21
elevação do * e previsão da verdade – 26
horizontes do * humano – 42
resposta ao * dos homens – 66
significado do * dos homens para os Espíritos – 65
sinal particular do – 79

Perfeição
condição para obtenção da – 113

Perispírito
alma e – 39
características do – 50, nota
composição do – 20, 39

formas animais e – 107
função do – 20, 39, 50, 51, nota; 83, 107
Livro dos espíritos, O, e – 50, nota
propriedades do – 39, 50, 75, nota
qualidades do – 51

Perturbação
conceito de – 51

Pitágoras, gênio da Antiguidade
reencarnação e – 88

Pluralidade das existências
ver Reencarnação

Pluralidade dos mundos habitados
Nicolau de Cusa, cardeal, e – 86

Pneumatografia
significado da expressão – 65, nota

Princípio inteligente
origem do – 21

Progresso
desejo de – 33
elementos do – 30
paixão do homem pelo – 16

Prova
oportunidade de reparação pela – 97

Provação
causa da * do homem – 25
função da – 29

Purgatório
Terra e – 95

Purificação
instinto do amor e – 60

Q

Química
Espiritismo e descobertas da – 95

R

Razão
homem e voz da – 13
trevas espessas e * humana – 25

Rechner
fenômenos espíritas e – 38

Reencarnação
ausência de lembrança e – 89
benefícios do princípio da – 88
chave de problemas insolúveis – 30
Escola de Alexandria e – 88
estímulo para marcha ascendente
    do homem e – 88
Filosofia e – 88
herança nacional e – 87
ideia de justiça e – 89
Igreja católica e – 83, 86-87
justiça e – 30, 90
lei da – 30
Mazzini e – 88
Montal, monsenhor de, bispo
    de Chartres, e – 86
moral e – 88
Nicolau de Cusa, cardeal, e – 86
opinião do cônego Coubé sobre – 83, 84
palingenesia e – 83
Passavalli, monsenhor, e – 86
religiões e – 87
reparação, resgate, renovamento e – 89
textos evangélicos e – 85
Victor Hugo e – 88

Religião
agonia e – 44
Deus e – 21
reencarnação e – 87, nota

Reparação
oportunidade de * pela prova – 97

Repugnância
motivo da * instintiva ou amizade – 113

Resgate
oportunidade de * pelo sofrimento – 97

Ressurreição
dogma da * da carne – 95

Riqueza
provas da – 32

S

Satanás
    Deus e tarefa de – 95

Senhor *ver* Jesus

Sensibilidade
    grau de * e recepção da luz – 75

Ser humano *ver* Homem

Ser universal *ver* Deus

Simpatia
    fluidos perispirituais e – 77, nota

Sobrenatural
    leis rigorosas e – 40

Sociedade
    aspirações da * moderna – 43
    crise na * moderna – 43
    transformação na * humana – 14

Société de Recherches Psychiques
    Charles Richet, professor, e – 39
    De Rochas, coronel, e – 39

Sócrates
    gênio familiar e – 40

Sofredor
    bens ofertados ao – 14

Sofrimento
    causa do – 92,95
    egoísmo e produção do – 56
    função do – 32
    Justiça divina e – 94
    necessidade do – 91
    oportunidade de resgate pelo – 97
    processo de evolução e – 94
    processo educativo e purificador e – 94
    purificação e – 119
    sonho e natureza do * e da alegria – 64, nota
    vida espiritual e * do Espírito – 95

Solidariedade
    compreensão da * entre o mundo espiritual e o material – 79
    existências humanas e – 27

Sonambulismo
    Céu e o Inferno, O, e – 51, nota
    estado do Espírito no – 50, nota
    percepção da alma e – 51, nota

Sonho
    Céu e o Inferno, O, e – 64, nota
    conceito de – 49, nota
    natureza dos sofrimentos e alegrias e – 64

Speranzi, Giovana
    aparição de – 124
    descrição da viagem por espaços imensos e – 116
    desdobramento e – 116
    encontro de Maurício Ferrand com – 109
    exercício de consolação e – 105
    formação dos mundos elevados e – 117
    invocação pelo pensamento e – 112
    linguagem nos mundos elevados e – 117
    locomoção nos mundos elevados e – 117
    necessidades dos mundos elevados e – 117
    objetivo dos habitantes dos mundos elevados e – 117
    perfil e – 104
    reencarnação e – 112

Stuart, Maria, rainha
    invocação do Espírito da – 93

Suicídio
    leis humanas e – 17
    miséria e – 32
    motivo de – 43

T

Tasso
    gênio familiar e – 40

Terra
    característica dos Espíritos na – 26
    Galileu e movimento da – 38
    marcha dos astros e – 22
    nutriz da humanidade e – 22
    origem da harmonia da – 22
    posição da * na escala dos mundos – 26
    purgatório e – 95
    reino da matéria na – 26

U

Universo
  dança das mesas e leis do – 38
  Deus e potências do – 21
  Deus, alma de – 41
  ordem e justiça no * e Espiritismo – 96
  harmonia do – 21
  homem e razão de ser do – 13
  homem, espelho de Deus e do – 64
  ideias do – 15

V

Vacquerier
  fenômenos espíritas e – 38

Vapor
  evidência do – 38

Varley
  fenômenos espíritas e – 38

Verdade
  condição para previsão da – 26
  ensino da * em toda a plenitude – 97

Vício
  admissibilidade de * no mundo espiritual – 53

Victor Hugo
  reencarnação e – 88

Vida
  alvo da – 32, 36, 43
  amor e – 75
  cartas de Laváter sobre a * futura – 80
  crença na unicidade da – 88
  Igreja católica e condições da * espiritual – 98
  importância da * espiritual – 20
  manifestações da – 22
  momento mais crítico da – 91
  negação da * futura – 17
  problemas da * e da morte – 13
  sofrimento do Espírito na * espiritual – 95
  solução para os problemas da – 37
  transformação da * social pela educação – 93
  visão da * nas alturas luminosas – 26

W

Wallace, Russel
  fenômenos espíritas e – 38

Weber, Ulrici
  fenômenos espíritas e – 38

X

Xenoglossia
  significado da expressão – 65, nota

Z

Zöllner, astrônomo
  fenômenos espíritas e – 38

O QUE É ESPIRITISMO?

O ESPIRITISMO É UM CONJUNTO DE PRINCÍPIOS E LEIS revelados por Espíritos Superiores ao educador francês Allan Kardec, que compilou o material em cinco obras que ficariam conhecidas posteriormente como a Codificação: *O livro dos espíritos*, *O livro dos médiuns*, *O evangelho segundo o espiritismo*, *O céu e o inferno* e *A gênese*.

Como uma nova ciência, o Espiritismo veio apresentar à Humanidade, com provas indiscutíveis, a existência e a natureza do Mundo Espiritual, além de suas relações com o mundo físico. A partir dessas evidências, o Mundo Espiritual deixa de ser algo sobrenatural e passa a ser considerado como inesgotável força da Natureza, fonte viva de inúmeros fenômenos até hoje incompreendidos e, por esse motivo, são tidos como fantasiosos e extraordinários.

Jesus Cristo ressaltou a relação entre homem e Espírito por várias vezes durante sua jornada na Terra, e talvez alguns de seus ensinamentos pareçam incompreensíveis ou sejam erroneamente interpretados por não se perceber essa associação. O Espiritismo surge então como uma chave, que esclarece e explica as palavras do Mestre.

A Doutrina Espírita revela novos e profundos conceitos sobre Deus, o Universo, a Humanidade, os Espíritos e as leis que regem a vida. Ela merece ser estudada, analisada e praticada todos os dias de nossa existência, pois o seu valioso conteúdo servirá de grande impulso à nossa evolução.

LITERATURA ESPÍRITA

Em qualquer parte do mundo, é comum encontrar pessoas que se interessem por assuntos como imortalidade, comunicação com Espíritos, vida após a morte e reencarnação. A crescente popularidade desses temas pode ser avaliada com o sucesso de vários filmes, seriados, novelas e peças teatrais que incluem em seus roteiros conceitos ligados à Espiritualidade e à alma.

Cada vez mais, a imprensa evidencia a literatura espírita, cujas obras impressionam até mesmo grandes veículos de comunicação devido ao seu grande número de vendas. O principal motivo pela busca dos filmes e livros do gênero é simples: o Espiritismo consegue responder, de forma clara, perguntas que pairam sobre a Humanidade desde o princípio dos tempos. Quem somos nós? De onde viemos? Para onde vamos?

A literatura espírita apresenta argumentos fundamentados na razão, que acabam atraindo leitores de todas as idades. Os textos são trabalhados com afinco, apresentam boas histórias e informações coerentes, pois se baseiam em fatos reais.

Os ensinamentos espíritas trazem a mensagem consoladora de que existe vida após a morte, e essa é uma das melhores notícias que podemos receber quando temos entes queridos que já não habitam mais a Terra. As conquistas e os aprendizados adquiridos em vida sempre farão parte do nosso futuro e prosseguirão de forma ininterrupta por toda a jornada pessoal de cada um.

Divulgar o Espiritismo por meio da literatura é a principal missão da FEB, que, há mais de cem anos, seleciona conteúdos doutrinários de qualidade para espalhar a palavra e o ideal do Cristo por todo o mundo, rumo ao caminho da felicidade e plenitude.

CARIDADE: AMOR EM AÇÃO

SEDE BONS E CARIDOSOS: essa a chave que tendes em vossas mãos. Toda a eterna felicidade se contém nesse preceito: "Amai-vos uns aos outros". KARDEC, Allan. *O evangelho segundo o espiritismo*, cap. 13, it. 12.

A Federação Espírita Brasileira (FEB), em 20 de abril de 1890, iniciou sua *Assistência aos Necessitados* após sugestão de Polidoro Olavo de S. Thiago ao então presidente Francisco Dias da Cruz. Durante oitenta e sete anos, esse atendimento representava o trabalho de auxílio espiritual e material às pessoas que o buscavam na Instituição. Em 1977, esse serviço passou a chamar-se Departamento de Assistência Social (DAS), cujas atividades assistenciais nunca se interromperam.

Desde então, a FEB, por seu DAS, desenvolve ações socioassistenciais de proteção básica às famílias em situação de vulnerabilidade e risco socioeconômico. Fortalece os vínculos familiares por meio de auxílio material e orientação moral-doutrinária com vistas à promoção social e crescimento espiritual de crianças, jovens, adultos e idosos.

Seu trabalho alcança centenas de famílias. Doa enxovais para recém-nascidos, oferece refeições, cestas de alimentos, cursos para jovens, serviços de convivência e fortalecimento de vínculos para idosos e organiza doações de itens que são recebidos na Instituição e repassados a quem necessitar.

Essas atividades são organizadas pelas equipes do DAS e apoiadas com recursos financeiros da Instituição, dos frequentadores da Casa e por meio de doações recebidas, num grande exemplo de união e solidariedade.

Seja sócio-contribuinte da FEB, adquira suas obras e estará colaborando com o seu Departamento de Assistência Social.

O EVANGELHO NO LAR

Quando o ensinamento do Mestre vibra entre quatro paredes de um templo doméstico, os pequeninos sacrifícios tecem a felicidade comum.*

Quando entendemos a importância do estudo do Evangelho de Jesus, como diretriz ao aprimoramento moral, compreendemos que o primeiro local para esse estudo e vivência de seus ensinos é o próprio lar.

É no reduto doméstico, assim como fazia Jesus, no lar que o acolhia, a casa de Pedro, que as primeiras lições do Evangelho devem ser lidas, sentidas e vivenciadas.

O espírita compreende que sua missão no mundo principia no reduto doméstico, em sua casa, por meio do estudo do Evangelho de Jesus no Lar.

Então, como fazer?

Converse com todos que residem com você sobre a importância desse estudo, para que, em família, possam compreender melhor os ensinamentos cristãos, a partir de um momento de união fraterna, que se desenvolverá de maneira harmônica e respeitosa. Explique que as reflexões conjuntas acerca do Evangelho permitirão manter o ambiente da casa espiritualmente saneado, por meio de sentimentos e pensamentos elevados, favorecendo a presença e a influência de Mensageiros do Bem; explique, também, que esse momento facilitará, em sua residência, a recepção do amparo espiritual, já que auxilia na manutenção de elevado padrão vibratório no ambiente e em cada um que ali vive.

Convide sua família, quem mora com você, para participar. Se mora sozinho, defina para você esse momento precioso de estudo e reflexões. Lembre-se de que, espiritualmente, sempre estamos acompanhados.

Escolha, na semana, um dia e horário em que todos possam estar presentes.

O tempo médio para a realização do Evangelho no Lar costuma ser de trinta minutos.

As crianças são bem-vindas e, se houver visitantes em casa, eles também podem ser convidados a participar. Se não forem espíritas, apenas explique a eles a finalidade e importância daquele momento.

O seguinte roteiro pode ser utilizado como sugestão:

Preparação: leitura de mensagem breve, sem comentários;

Início: prece simples e espontânea;

Leitura: *O evangelho segundo o espiritismo* (um ou dois itens, por estudo, desde o prefácio);

Comentários: breves, com a participação dos presentes, evidenciando o ensino moral aplicado às situações do dia a dia;

Vibrações: pela fraternidade, paz e pelo equilíbrio entre os povos; pelos governantes; pela vivência do Evangelho de Jesus em todos os lares; pelo próprio lar...

Pedidos: por amigos, parentes, pessoas que estão necessitando de ajuda...

Encerramento: prece simples, sincera, agradecendo a Deus, a Jesus, aos amigos espirituais.

As seguintes obras podem ser utilizadas nesse momento tão especial:

O evangelho segundo o espiritismo, como obra básica;

Caminho, verdade e vida; Pão nosso; Vinha de luz; Fonte viva; Agenda cristã.

Esse momento no lar não se trata de reunião mediúnica e, portanto, qualquer ideia advinda pela via da intuição deve permanecer como comentário geral, a ser dito de maneira simples, no momento oportuno.

No estudo do Evangelho de Jesus no Lar, a fé e a perseverança são diretrizes ao aprimoramento moral de todos os envolvidos.

FEB editora
Livro espírita para um novo mundo
www.febeditora.com.br
@febeditoraoficial
@febeditora

Conselho Editorial:
Carlos Roberto Campetti
Cirne Ferreira de Araújo
Evandro Noleto Bezerra
Geraldo Campetti Sobrinho – Coord. Editorial
Jorge Godinho Barreto Nery – Presidente
Maria de Lourdes Pereira de Oliveira
Miriam Lúcia Herrera Masotti Dusi

Produção Editorial:
Elizabete de Jesus Moreira

Revisão:
Anna Cristina de Araújo Rodrigues

Capa:
Ingrid Saori Furuta

Projeto Gráfico:
Eward Bonasser Júnior

Diagramação:
Rones José Silvano de Lima – instagram.com/bookebooks_designer
Thiago Pereira Campos

Normalização Técnica:
Biblioteca de Obras Raras e Documentos Patrimoniais do Livro

Esta edição foi impressa no sistema de Impressão pequenas tiragens, em formato fechado de 155x230 mm e com mancha de 120x190 mm. Os papéis utilizados foram o Off white 80g/m² para o miolo e o Cartão 250g/m² para a capa. O texto principal foi composto em fonte Adobe Garamond Pro 13/15 e os títulos em Adobe Garamond Pro 28/30. Impresso no Brasil. *Presita en Brazilo.*